KB045365

니체와 고흐

니체와 고흐

초판 발행 2020년 2월 5일
증보판 발행 2024년 5월 30일

지은이 프리드리히 니체
그린이 빈센트 반 고흐
엮은이 공공인문학포럼
펴낸이 김상철
발행처 스타북스
등록번호 제300-2006-00104호
주소 서울시 종로구 종로 19 르메이에르종로타운 B동 920호
전화 02) 735-1312
팩스 02) 735-5501
이메일 starbooks22@naver.com

ISBN 979-11-5795-737-8 03160

니체와 고흐

Friedrich Nietzsche & Vincent van Gogh

프리드리히 니체 지음 | **빈센트 반 고흐** 그림 | 공공인문학포럼 엮음

스타북스

누구나 한 번쯤 니체와 고흐를 만난다

_머리말

'절대 진리는 절대로 존재하지 않는다'는 인간 다이너마이트 기존의 질서와 전통과 도덕적 가치를 허문 망치 든 철학자

프리드리히 니체는 절대 진리는 절대 존재하지 않는다고 설파하면서 기존 질서와 고정관념을 사정없이 깨버린 현대인이 가장 좋아하는 작가이자 철학가다. 일본에서는 니체의 문장을 정리하여 '니체의 말'이라는 제목으로 200만부의 베스트셀러가 되기도 하였다.

니체가 위험하고도 매혹적인 사상가로 우리 곁에 여전히 살아 있는 까닭은 그가 자신의 철학을 온몸으로 실천했기 때문이다. 그는 이성만으로 형이상학을 설파한 것이 아니라 자신의 모든 존재를 자신의 삶 자체로서 사상을 완성하고 설파해 나갔다.

기존의 가치를 때려 부수고 새로운 가치를 창조한 니체는 진정 용기 있는 인간이었다. 그는 허무주의에 무릎 꿇지 않고 싸웠고 현실을 버리지 않고 끌어안았다. 그는 삶을 사랑했으며 스스로 질문하고, 대답에 대한 가치 역시도 스스로 결정했다. 니체의 삶이 곧 하나의 사상이었고, 니체의 사상이 곧 그의 삶이었다.

"신이 죽었다"라는 명제가 익숙해져 니체의 말에 놀라는 사람도 많지 않고, 그래서 니체가 주장한 진정한 뜻을 알지 못하는 경우도 많다. 더 나아가 니체의 말속에 숨겨져 있는 진정한 의미를 이해하지 못하고 드러난 그대로 곡해해 버리는 사람들은 이 책을 통해 니체가 자신의 온 생애로서 증명하고자 했던 사상을 제대로 알게 된다면, 자기 자신과 세상을 제대로 바라보고 자신만의 진정한 길을 살아나갈 용기와 지혜를 배우게 될 것이다.

니체의 말은 현실을 현실로서 인식하도록 했던 기존의 형이상학적 근거가 더 이상 타당하지 않다는 것을 의미한다. 기존의 절대적 가치가 더는 절대 가치를 갖지 못한다. 인간은 이제 기존의 세속적 가치를 때려 부수고, 스스로 극복하여 새로운 가치를 정립해 내야 한다고 말했다. 니체는 지적 우월주의에 빠진 자들에 대한 비판과 함께 세속화된 시대와 그 기득권을 유지하기 위한 자들의 술수를 신랄하게 까발렸다. 뿐만 아니라 어리석게 끌려 다니는 대중이 깨어나도록 매섭게 외쳤다.

하지만 기존의 권력은 얼마나 막강한가! 그래서 니체는 스스로 '망치'를 들고 철학을 하겠다고 천명했으며, 스스로를 인간이 아닌 '다이너마이트'라고 천명할 정도였다. 니체의 삶은 그 말이 은유가 아니라 사실의 강도 그대로를 드러낸 표현이었음을 보여 준다. 그 과정에서 '권력에의 의지' '초인 사상' '영원회귀 사상' 등이 탄생하는데, 인간의 속성에 대해 고찰한 니체의 잠언들이 나왔다. 그가 최고의 심리학자였음을 여실히 증명하고 있다. 이 책은 니체의 잠언들을 삶, 아름다움, 지혜, 인간, 존재, 세상, 사색, 신앙, 예술가 등 10개 주제로 나누어 읽기 쉽게 정리하여 고흐의 그림과 함께 보기 좋게 배치했다.

니체는 자기의 주장이 동시대의 사람들에게보다는 2세기 이후의 사람들에게 부정하지 못할 파급력을 가질 것이라고 예언하였는데, 그 말은 21세기를 사는 지금의 우리들에게 그대로 적용되고 있다.

실패와 좌절, 고난을 통해 흘러나오는 근원적 힘, 빈센트 반 고흐의 영원에 대한 갈망 그리고 자기고백…

가난한 목사의 아들로 태어나 자신의 귀를 자르고 권총 자살로 생을 마감하기까지, 한 점의 그림도 팔지 못한 것으로 알려진 빈센트 반 고흐의 삶은 사후에 얻은 명성과는 어울리지 않게 비루하고 고단하기 짝이 없었다. 화상, 교사, 목회자, 책 판매원 등의 다양한 직업을 거친 후, 1880년 8월 스물일곱 살이었던 고흐는 화가가 되기로 결심했다. 이미 그 시기에 고흐의 정신 상태는 정상이 아니었고, 그림을 그린다는 것은 고흐에게 있어서 단순한 생계 수단이 아닌 스스로를 구원하는 치유의 일이었다. 전업 작가가 되기로 결심한 그는 남들보다 늦게 독학으로 그림 공부를 시작했다. 늦은 나이에 시작해 짧은 생을 마감하기까지 10여 년 동안 1000점 이상의 그림을 그리면서 열정과 재능을 폭발시킨 화가였지만 생전에는 작품 한 점 팔지 못하고 가난한 삶을 살았다. 그는 죽은 후에 작품의 가치를 인정받아 지금은 전 세계 사람들이 가장 사랑하는 화가로, 작품 가치가 가장 큰 작가의 한 사람으로 꼽히고 있다.

'태양의 화가', '영혼의 화가'로 불리며 별을 그린 화가로 유명한 고흐는 "내가 살아있다고 느끼는 유일한 시간은 내가 미친 듯이 그림을 그릴 때다", "밤하늘의 수많은 별들은 나를 꿈꾸게 한다"고 했다. 고통과 우울증에 시달리면서도 폭발적인 열정으로 그림을 그렸다. 그의 대표적 작품으로는 「별이 빛나는 밤」「귀에 붕대를 감은 자화상」「정물: 화병의 해바라기」「아를의 여인」「붉은 포도밭」「씨 뿌리는 사람들」 등이 있다. 이런 주옥같은 작품을 이 책에서 만나보면서 어려운 시대를 살고 있는 젊은이들이 방황하고 고뇌하는 힘든 삶에 영혼의 위로가 되고 치유의 시간이 되었으면 한다.

_차례

I 아름다움에 대하여

2 삶에 대하여

3 신은 죽었다

4 지혜에 대하여

5 인간에 대하여

6 존재에 대하여

131
133
137
141
143
145
149
151
153
155
159
163
167
169
164
175
179
183

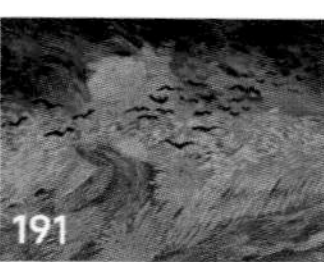

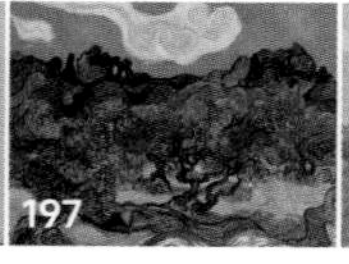

7 세상에 대하여

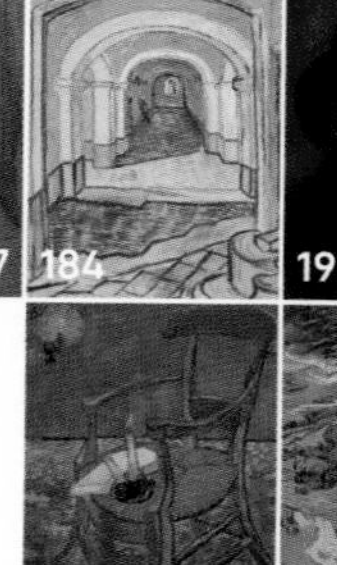

8 사색에 대하여

9 예술가에 대하여

10 니체를 만난다

248
251
257
267
271
281
285
287
289
290
305
307
293
297
301
303
309

별이 빛나는 밤

생레미 1889 | 캔버스에 유채 | 뉴욕 현대미술관

그는 모든 것을 너무나 아름답게 만들었다. 단지 아름다움을 만든 것에 만족할 수 없을 만큼 그가 만든 세상은 아름다웠다. 그래서 신은 스스로 피조물이 되었다.

하늘에 떠 있는 수없이 많은 별들이 지구와 마찬가지로 생명을 잉태할 유사한 조건을 갖고 있지만, 이러한 별들은 애초부터 생명체를 가지고 있지 않거나 생명을 한때 가졌다 해도 이미 오래전에 사라진 별들에 비하면 그 수가 너무도 작다. …… (생명체를 가지고 있는) 모든 별들에 있어서도 그 존재했던 시기를 측정해 보면 생명이란 한순간에 확 타오르고 만 존재였다는 것, 그리고 그 후에도 오랜 시간이 흘렀다는 것을 알 수 있다. 이야말로 생명이라는 것이 별들의 존재 목적이나 궁극적 의도가 아니었음을 보여 주는 게 아닌가? ___ 인간적인 너무나 인간적인

별들의 존재 목적은
생명의 잉태가 아닐까

아름다움에 대하여

몽마주르가 보이는 크로 평원의 추수

아를 1888

수채화와 펜

하버드대학교 포그미술관

괴테는 독일에서뿐 아니라 전 유럽에서 하나의 돌발 사건이었으며, 아름다운 소비였다. 공공의 이익이라는 처참한 관점에서 예술가를 규정짓는 일은 위대한 인간을 오해하게 만들 뿐이다. 그들에게서 어떤 이익도 끌어낼 수 없었다는 점. 이것이 바로 위대한 예술이다.

____ 우상의 황혼

위대한 인간을 오해하는 일

아름다움에 대하여

눈이 내린 안트베르펜의 낡은 주택의 뒷마당

안트베르펜 1885

캔버스에 유채

암스테르담 반고흐미술관

나의 친애하는 그림자여, 내가 너를 얼마나 무례하게 대했는지 이제야 깨달았다. 그동안 내가 너를 얼마나 기쁘게 생각했는지, 얼마나 감사했는지 단 한마디도 하지 못했지만 빛을 사랑하는 만큼 나는 그대를 사랑하고 있다. 얼굴에 아름다운 미소가 떠오르듯, 언어에 간결함이 전해지듯, 성격에 선량함과 견고함이 존재하려면 그림자가 있어야 한다. 빛과 그림자는 적이 아니다. 빛과 그림자는 늘 정답게 손을 잡고 있다. 빛이 사라질 때 슬며시 그림자도 어디론가 사라지는 것은 빛을 따라간 것이다.

___ 인간적인 너무나 인간적인

빛을 사랑하는 만큼
그림자를 사랑한다

아름다움에 대하여

아를의 빈센트 침실

아를 1888

캔버스에 유채

암스테르담 반고흐미술관

우리의 이성이 멈춰 버리면 우리들은 서로에게 관대해질 것이다. 상대방에게 아무 말이나 해도 상관없고, 상대방이 아무 말이나 해도 상관하지 않을 것이다. 상대방이 대답할 수 없을 때를 골라 내가 하고 싶은 말을 한다. 이것이 유일한 규칙이다. 어느 정도 이야기가 길어지면 한 번은 바보가 되고, 세 번은 멍청이가 되겠지만. ___ 인간적인 너무나 인간적인

이성이 없다면
서로에게 관대할 것이다

아름다움에 대하여

오베르의 교회

오베르쉬르우아즈 1890

캔버스에 유채

파리 오르세미술관

디오니소스적인 음악은 그리스 인들에게 공포와 전율을 일깨워 주었다. 호메로스적인 아폴론의 리라에 익숙했던 그리스 인들은 음악을 리듬의 물결이라고 생각했으며, 상태를 표현하는 데 필요한 조형으로 여겨 왔다. 아폴론의 리라는 한마디로 암시적인 음조에 불과했다. 하지만 디오니소스가 전파한 새로운 음악은 영혼을 흔드는 멜로디였다. 그는 여러 음을 한 가지 주제로 통합시키는 화음을 발명했는데, 이 디오니소스적인 화음을 처음 접한 그리스 인들은 그동안 억제해 왔던 본능을 뛰어넘고 싶은 충동에 사로잡혔다. 한번도 느껴 보지 못한 이 황홀한 감정에 그들은 순간적으로 미쳐 버린 것이다. 인습적인 한 가지 음에 길들여진 그리스 인들은 디오니소스적 음악에서 자연이 처음 잉태되던 순간을 떠올렸고, 아폴론의 리듬이 지배하던 이성에서 해방되어 마침내 자신의 인생을 포기하기에 이르렀다. 다음 날 아침, 이 모든 꿈에서 깨어난 그리스 인들은 자신들의 모습을 발견하고 얼마나 놀랐던가! 그 놀라움은 디오니소스가 보여 준 환희 때문이 아니라 자신들이 뒤집어쓴 가면 속에 이토록 환희의 절정이 숨겨져 있었다는 두려움 때문에 비롯된 것이었다. ___ 비극의 탄생

우리가 뒤집어쓴 가면 안에 숨겨진 환희의 절정

아름다움에 대하여

술 마시는 사람들(도미에 모사)

생레미 1890

캔버스에 유채

시카고아트인스티튜트

잘 들어라. 내가 신학자로서 말하는 경우는 아주 드문 일이니까. 그 위대한 역사를 창조한 후 뱀이 되어 지혜의 나무에 몸을 두르고 있었던 존재는 다름 아닌 신 자신이었다. 그가 신이라는 목적에서 해방된 것은 바로 이때부터였다. 그는 모든 것을 너무나 아름답게 만들었다. 단지 아름다움을 만든 것에 만족할 수 없을 만큼 그가 만든 세상은 아름다웠다. 그래서 신은 스스로 피조물이 되었다.

___ 이 사람을 보라

신은 모든 세상을
너무도 아름답게 만들었다

아름다움에 대하여

아니에르의 리스팔 레스토랑

파리 1887

캔버스에 유채

캔자스시티 넬슨앳킨스미술관

침묵은 상대방을 배려하지 않는다. 그러므로 침묵은 가장 잔인한 위선이다. 침묵은 자신의 불평을 삼켜 버림으로써 상대방의 가치를 훼손한다. 오히려 예의에서 벗어난 따끔한 충고나 불평이 훨씬 인간적이고 솔직한 미덕이다. ___ 이 사람을 보라

침묵은 잔인하게
상대의 가치를 훼손한다

아름다움에 대하여

감자 바구니가 있는 정물

뇌넌 1885

캔버스에 유채

암스테르담 반고흐미술관

쇼펜하우어는 아름다움을 향한 우울한 정열을 갖고 있다. 그는 늘 이렇게 말한다.

"무엇을 위해서인가."

아름다움은 그에게 '의지'로부터의 해방이었다. 그의 주장에 따르면 아름다움이 우리를 영원한 구원으로 인도한다는 것이다. 그는 아름다움이 '의지'의 성역에서 우리를 구출한다고 주장한다. 아름다움에 넋이 나간 인간은 생식의 충동에서 벗어날 수 있다고 확신하는 것 같다. 그는 한마디로 기묘한 성자다! 하지만 누군가 그의 주장에 항의하고 있다. 항의의 주체는 아마도 자연일 것이다. 자연이 발휘하는 음조, 색채, 향기, 율동적인 운동 속에는 왜 아름다움이 숨겨져 있는 것일까. 자연은 왜 우리에게 아름다움을 제시하는 것일까. 다행히 인간을 대표해 어느 한 사람의 철학자가 그에게 조용히 항의했다. 성스러운 플라톤(쇼펜하우어 자신이 그렇게 부르고 있다)의 권위는 쇼펜하우어에 반대되는 명제를 지지하고 있다.

"모든 아름다움은 생식을 자극한다. 가장 관능적인 것에서부터 가장 정신적인 것에 이르기까지. 이것이야말로 아름다움이 작용하는 고유성이다." ___ 우상의 황혼

모든 아름다움은 생식을 자극한다

아름다움에 대하여

두 연인(부분)

아를 1888

캔버스에 유채

개인 소장

어떤 자는 그녀를 탐내지만 손에 넣지 못하고, 어떤 자는 면사포를 걸친 그녀를 상상하며, 어떤 자는 그물 밖에서 그녀를 찾는다.
그녀가 얼마나 아름다운지 나는 확실히 알지 못한다. 다만 늙은 잉어마저 그녀에게 매혹되어 물 밖으로 뛰쳐나올 정도라는 것을 알 뿐이다.
그녀는 변덕스럽고 제멋대로 군다. 나는 종종 그녀가 입술을 깨물며 머릿결을 반대로 빗는 모습을 보았다. 그녀는 작은 악마이며 성실과는 거리가 멀다. 그녀가 아무리 아름다울지라도 그저 평범한 여자에 불과하다. 하지만 그녀가 스스로를 나쁘게 말하며 눈물을 흘릴 때, 나는 유혹당하지 않고는 버틸 수가 없다.

—— 차라투스트라는 이렇게 말했다

그녀에게 매혹당하지 않고는 버틸 수가 없다

아름다움에 대하여

오베르의 우아즈 강둑

오베르쉬르우아즈 1890

캔버스에 유채

디트로이트미술관

우리는 높은 산에 둥지를 마련했다. 위험을 알면서도 결핍을 고수할 수밖에 없다. 기쁨은 늘 짧은 태양과 함께 사라지고, 흰 눈이 쌓인 산들을 피해 우리에게 다가오는 햇빛은 하나같이 창백하기만 하다.

가끔은 이곳에도 음악이 흐른다. 옛 가락을 기억하는 한 노인이 오르간을 연주하면 아이들은 제멋대로 춤을 추며 원을 그린다. 이 모습을 본 나그네의 마음이 착잡해진다. 너무나 황량하고, 너무나 닫혀 있고, 너무나 퇴색했고, 아무리 찾아봐도 희망이 없다.

어느새 저녁 안개가 밀려오면 나그네는 너무 오래 머물렀다는 사실을 자책한다. 나그네의 발걸음이 삐걱거린다. 눈에 보이는 것은 황막하고 잔인한 산등성이뿐이다. ___ 반시대적 고찰

가끔은 이곳에도 음악이 흐른다

나무뿌리와 줄기

오베르쉬르우아즈 1890

캔버스에 유채

암스테르담 반고흐미술관

정물: 화병의 분홍 장미들

생레미 1890 | 캔버스에 유채 | 뉴욕 메트로폴리탄미술관

2

삶에 대하여

전형적으로 병약한 사람은 건강해지지 않으며 자기 자신을 건강하게 만들 수도 없다. 반대로 전형적으로 건강한 사람은 그 병을 인생을 사는 데, 아니 풍요로운 생을 살기 위한 활동적인 자극으로 수용할 수 있다.

인간에게 용기는 가장 훌륭한 살인자다. 공격하는 용기 그것은 죽음까지도 살해한다. 왜냐하면 용기는 "그게 삶이던가, 그럼 좋다. 다시 한 번!"이라고 외치기 때문이다. ___ 차라투스트라는 이렇게 말했다

용기는 죽음까지도 살해한다

나무 사이의 농가들

헤이그 1883

패널 위 캔버스에 유채

바르샤바 요한바오로2세박물관

비로소 나는 병에서 나의 더 높은 건강을 얻었다. 이 건강이란 병이 말살시켜 버리지 못한 모든 것들에 의하여 오히려 더 강해지는 건강을 말한다. 나는 병에서 하나의 철학도 얻었다. 고통이야말로 정신 최후의 해방자다. …… 그런 고통이 우리를 개선시키는지에 대해 의심스러울 때도 있으나 나는 고통이 우리를 심오하게 한다는 것을 안다. ___ 니체 대 바그너

고통은 정신 최후의 해방자이다

삶에 대하여

흰 모자를 쓴 늙은 촌부의 머리

뇌넌 1884

캔버스에 유채

개인 소장

우리에게 증명되어 온 바는 표면적인 영향, 아니 퇴화 이외에 아무 것도 아니었다. …… (다윈학파는) 생존 경쟁이 약자의 사멸과 강자, 즉 가장 천부적으로 혜택받은 존재의 존속임을 이야기한다. 생물이 완전성에 가까워지는 식으로 부단히 생장한다고 상상한다. 그러나 우리가 확증해 온 바는 이와 반대여서 생존경쟁은 …… 약자에게도 좋다는 것이다. ___ 권력에의 의지

생존경쟁은 약자에게도 좋다

삶에 대하여

붉은 포도밭

아를 1888

캔버스에 유채

모스크바 푸시킨미술관

전형적으로 병약한 사람은 건강해지지 않으며 애써 자기 자신을 건강하게 만들 수도 없다. 반대로 전형적으로 건강한 사람은 그 병을 인생을 사는 데, 아니 풍요로운 생을 살기 위한 활동적인 자극으로 수용할 수 있다. 이것은 바로 오랜 세월 동안의 병이 내게 많은 활동적인 자극이 되었음을 말해 준다. ___ 이 사람을 보라

병약한 사람과 건강한 사람

사이프러스 나무와 별이 있는 길

생레미 1890

캔버스에 유채

오테를로 크뢸러뮐러미술관

식인종의 나라에서 고독한 자는 홀로 있을 때 스스로를 먹어 치우고, 대중과 함께 있을 때는 대중이 그를 먹어 치운다. 그러니 어느 쪽이든 망설이지 말고 마음 가는 대로 선택하라.

—— 인간적인 너무나 인간적인

그러니 스스로 선택하라

삶에 대하여

모래를 내리는 사람들이 있는 부두

아를 1888

캔버스에 유채

에센 폴크방미술관

삶을 향한 우리의 강인한 의지에, 권태에서 벗어나고자 몸부림치는 긴 싸움에, 삶이 허락하는 덧없는 선물에까지 감사의 눈물을 흘리는 우리의 여린 심성에 인생은 합당한 축복을 내린다. 그 축복으로 우리는 마침내 삶이 보여 줄 수 있는 최고의 가치를 얻게 된다. 즉, 우리의 사명을 되찾는 것이다. ___ 인간적인 너무나 인간적인

인생이 내리는 합당한 축복

삶에 대하여

반 고흐의 의자

아를 1888

캔버스에 유채

런던 내셔널갤러리

양심을 따르는 것은 의지를 따르는 것보다 훨씬 매력적이다. 왜냐하면 실패했을 경우 양심은 자기변호나 기분 전환이 가능하기 때문이다. 그래서 이기적인 사람은 극소수인 데 반해, 자신을 양심적이라고 여기는 사람은 아주 많다. ___ 인간적인 너무나 인간적인

스스로를 양심적이라고 여기는 사람들

삶에 대하여

우체부 조제프 룰랭의 초상화

아를 1888

캔버스에 유채

보스턴미술관

사람들은 40세를 넘기면 자서전을 쓸 권리가 주어진다고 믿는다. 왜냐하면 가장 열등한 인생을 살아온 사람일지라도 그 나이가 되면 사상가 못지않은 사건들을 체험했을 것이고, 시인 못지않은 격랑을 이겨 냈기 때문이다. 그러나 문제는 자신의 삶이 지켜 온 신앙을 고백하려는 그의 욕구에 있다. 이것은 분명 오만이다. 그에게는 자서전을 통해 생존 가운데 체험하고 탐구한 것뿐 아니라 자신이 믿었던 가치를 타인에게 강요하겠다는 전제가 숨어 있기 때문이다.

—— 반시대적 고찰

자신의 삶을 고백하려는 욕구에 숨은 것

가지치기한 버드나무가 있는 풍경

뇌넌 1884

패널 위 캔버스에 유채

개인 소장

20대는 열정적이고 지루하며, 언제 소나기가 내릴지 알 수 없는 시기이다. 20대는 늘 이마에 땀이 맺혀 있고 삶이 고된 노동이라는 것을 어렴풋이 깨닫지만, 그것을 필연으로 받아들이는 연령이다. 따라서 20대는 여름이다.
반면에 30대는 인생의 봄이다. 어떤 날은 공기가 너무 따사롭고 또 어떤 날은 지나치게 춥다. 언제나 불안정하고 자극적이다. 끓어오르는 수액이 잎을 무성하게 만들고 모든 꽃의 향기를 구별할 수 있는 나이이다. 30대는 지저귀는 새소리만으로도 잠에서 깨어난다. 그리고 처음으로 향수와 추억을 구별하는 시기이다.
40대는 모든 것이 정지된 연령이다. 바람은 더 이상 그를 움직일 수 없다. 구름 한 점 없는 맑은 하늘이 그의 수확을 돕는다. 40대는 한마디로 인생의 가을이라고 볼 수 있다. ___ 인간적인 너무나 인간적인

인생의 여름, 봄
그리고 가을

삶에 대하여

가을의 포플러 나무 거리

뇌넌 1884

패널 위 캔버스에 유채

암스테르담 반고흐미술관

영국인이 일요일을 신성하게 여긴 까닭은 월요일의 노동을 그리워하게 만들려는 하나의 술책이었다. 신성한 일요일의 무료함이야말로 가장 영국적인 본능이라고 할 수 있다. 이는 아주 교묘한 단식과도 같다. 폭식과 폭식을 연결해 주는 다리로써 활용되는 단식이 바로 영국인들의 일요일이 갖는 위상이다.

—— 선악의 저편

눈이 내린 풍경

아를 1888

캔버스에 유채

뉴욕 솔로몬R.구겐하임미술관

그대는 다음과 같은 물음에 답해야만 한다.

"과연 그대의 마음 깊숙한 곳이 삶을 긍정하고 있는가? 그대는 만족하는가? 그대는 무엇을 바라는가?"

만약 그대의 대답이 진실이라면 이 잔인한 삶에서 해방될 것이다.

___ 반시대적 고찰

그대의 대답이 진실이라면

삶에 대하여

생트마리 풍경

아를 1888

캔버스에 유채

오테를로 크뢸러뮐러미술관

삶에 있어서 독립이란 소수의 인간들에게만 허용되는, 다시 말해 강자만의 특권이다. 하지만 불필요한 순간에 독립을 시도하는 자가 있다면, 물론 그가 그럴 만한 충분한 자격과 이유가 있다고 할지라도 그것은 어디까지나 방종이다. 그는 자신이 인간 사회로부터 독립된 인간임을 증명하기 위해 저 무시무시한 미노타우로스의 미궁에 스스로 뛰어든다. 그리고 이미 위험해진 인생을 더욱 위험한 곳으로 내던져 버린다. 그는 자신이 어디서 길을 잃었으며, 어떻게 고독해졌는지, 또 양심이라는 미노타우로스의 이빨과 마주쳐 산산이 찢겨져 버린 과정을 사람들에게 알려 주고 싶지만, 그는 이미 사람들과 너무 멀리 떨어져 있어 아무런 말도 해 줄 수가 없다. ___ 선악의 저편

불필요한 순간에 독립을 시도하는 자

삶에 대하여

타라스콩 마차

아를 1888

캔버스에 유채

프린스턴대학교미술관

인생에서 최고의 기쁨을 수확하는 비결, 그것은 삶이 안고 있는 고통에 스스로를 노출시키는 것이다. 그대들의 도시를 베수비오 화산의 산허리에 건설하라. 그대들의 배를 아무도 알지 못하는 바다 한 가운데에 띄워라. 그대들의 벗, 그리고 그대 자신과의 영속적인 투쟁에 헌신하라. 그대들, 인식하는 자여, 지배하고 소유할 수 없다면 약탈과 정복을 일삼는 자가 되어라. 겁을 집어먹은 사슴처럼 숲 속에 숨는 것으로 만족하던 시대는 머지않아 사라진다. ___ 즐거운 학문

숨는 것으로 만족하던 시대는 사라진다

삶에 대하여

수확하는 사람과 밀단

아를 1888

캔버스에 유채

털리도미술관

무르익은 포도송이가 갈색을 띠기 시작했을 때, 태양이 오랜만에 나의 삶을 비추는 이 충만한 날에 나는 뒤를 돌아보며 아득한 앞날을 헤아린다. 나는 나의 40년을 헛되이 묻어 버린 것이 아니었다. 나는 지나온 나의 생애에 진심으로 감사드린다. 그리하여 나는 나의 생애에 대해 나 자신에게 들려주고자 한다.

___ 이 사람을 보라

나는 뒤를 돌아보며
아득한 앞날을 헤아린다

삶에 대하여

바느질하는 스헤베닝언 촌부

에턴 1881

수채화

암스테르담 P.앤드N.더부르재단

아를의 라마르틴 광장의 밤의 카페

아를 1888 | 캔버스에 유채 | 뉴헤이븐 예일대학교미술관

3 신은 죽었다

우리는 아직 신이 썩는 냄새를 조금도 못 맡아 보았는가? 신들도 썩는다! 신은 죽었다! 신은 죽어 있다! 사실 우리가 그를 죽였다! 모든 살인자 중에서도 살인자인 우리가 어떻게 위안을 받을 것인가?

우리가 그를 죽였다. 너희들과 내가! 우리 모두가 신을 죽였다! 그러나 우리는 어떻게 이 일을 저질렀을까? 어떻게 우리는 바다가 마르도록 마셔 버릴 수 있었을까? 누가 우리에게 지평선을 모조리 훔칠 수 있는 해면을 주었을까? 우리가 이 지구를 그의 태양으로부터 떼어 버렸을 때 우리는 무엇을 하였던가? 지구는 지금 어디로 움직이고 있는가? 우리는 어디로 움직이고 있는가? 모든 태양으로부터 멀어져 가는가? 우리는 자꾸 떨어져 가는 것이 아닌가? 뒤로 옆으로 앞으로, 온갖 방향으로 떨어지는 것이 아닌가? 지금도 위니 아래니 하는 상하가 있을까? 우리는 끝없는 무(無) 속에서 헤매는 것 같지 않는가? 텅 빈 공간이 그윽이 느껴지지 않는가? 점점 추워지지 않는가? 더욱 더 밤이 짙어져 오는 것이 아닌가? 대낮에 초롱불을 켜야 할 지경이 아닌가? 신을 매장하는 인부들의 떠들어 대는 소리를 우리는 아직도 못 듣는가? 우리는 아직 신이 썩는 냄새를 조금도 못 맡아 보았는가? 신들도 썩는다! 신은 죽었다! 신은 죽어 있다! 사실 우리가 그를 죽였다! 모든 살해자 중에서도 살해자인 우리가 어떻게 위안을 받을 것인가? ___ 즐거운 학문

우리 모두가 신을 죽였다

신은 죽었다

나무와 덤불

파리 1887

캔버스에 유채

암스테르담 반고흐미술관

미친 사람. 너희들은 저 미친 사람의 이야기를 들어 보지 못하였는가? 그는 밝은 대낮에 초롱불을 켜 들고 거리로 뛰어나가서 쉬지 않고 계속해서 "나는 신을 찾는다! 나는 신을 찾는다!"라고 부르짖었다. 마침 거리에는 신을 믿지 않는 사람들이 많이 모여 있었기 때문에 그는 커다란 웃음거리가 되었다.
"도대체 신이 없어졌을까?" 한 사람이 말했다. "신이 아이들처럼 길을 잃었을까?" 다른 한 사람이 말했다. "그것도 아니라면 신이 숨바꼭질 하였을까?" "신이 우리를 무서워하는가?" "신이 배를 탔는가? 바다 건너로 갔는가?" 이와 같이 지껄이면서 한바탕 웃어 댔다.
그 미친 사람은 그들 속으로 뛰어 들어가 쏘는 듯한 눈초리로 그들을 노려보았다. 그리고 그는 "신은 어디로 갔는가? 나는 이것을 너희들에게 말하려고 한다"라고 부르짖었다. ___ 즐거운 학문

웃음거리가 된
미친 사람의 눈빛

신은 죽었다

감자 먹는 사람들

뇌넌 1885

캔버스에 유채

암스테르담 반고흐미술관

덕을 지니기 위해선 가장 잔인한 형태로 덕을 지니려 해야 하는가? 기독교 성자들은 이를 원하고 필요로 했다. 성자들은 그들의 덕행을 보는 사람이면 누구나 자신에 대한 경멸감을 느끼리라 생각하면서 삶을 견뎌 냈다. 하지만 나는 그런 작용을 하는 덕을 잔혹하다고 부른다.

부처의 사후 수 세기 동안 사람들은 동굴 안에서 그의 그림자를 보여 주었다. 엄청나게 크고 소름 끼치는 그림자를. 신은 죽었다. 그러나 인간의 방식이 그렇듯이, 그의 그림자를 보여 주는 동굴은 수천 년 동안 존재할 것이다. 그런데 우리는 아직 부처의 그림자와도 싸워 이겨야 한다. ___ 즐거운 학문

잔인한 형태로
덕을 지닌 자들과의 싸움

밀짚모자를 쓴 자화상

파리 1887~1888

캔버스에 유채

뉴욕 메트로폴리탄미술관

신은 인간의 죄 때문에 자신을 희생한다. 자신의 채무자에 대한 사랑 때문에, 채권자가 채무자를 위해 자신을 희생하다니! 인간은 자기에게 고유하고 자기에게서 분리시킬 수 없는 동물적 본능에 대한 최후의 대립자를 신에게서 포착해 냈다. 심지어 인간은 그런 동물적 본능 자체를 신에 대한 죄로 고쳐 해석했다.

___ 도덕의 계보학

자신의 본능과 반대로 행동하는 신

신은 죽었다

블뤼트 팽 풍차

파리 1886

캔버스에 유채

도쿄 브리지스톤미술관

낡은 신들은 이미 오래전에 최후를 고했다. 그리고 정말로 낡은 신들은 선하고 즐겁게 신적인 종말을 맞지 않았던가! 그 신들이 죽음을 맞아 '으스름 속으로 사라진'것은 아니었다. 그것은 어쩌면 거짓말일지도 모른다! 오히려 그 신들은 너무 웃다가 죽음을 맞이한 것이다! 그 죽음은 신을 가장 부정하는 말, 즉 "하나의 신만 존재한다. 나 말고 다른 신은 섬겨서는 안 된다!"는 말이 어떤 신에게서 나왔을 때 일어났다.

신은 죽을 수밖에 없었다. 사람들이 깊은 속내와 바탕을, 은폐된 치욕과 추함을 남김없이 보고 말았으니. 호기심 낳고 주제넘은 자, 동정하는 마음이 너무 깊었던 자는 죽어 마땅했다.

—— 차라투스트라는 이렇게 말했다

웃다가 죽은 낡은 신들

신은 죽었다

꽃 피는 아몬드 나무

생레미 1890

캔버스에 유채

암스테르담 반고흐미술관

한 사람을 사랑하는 것은 야만적인 것이다. 다른 모든 사람을 희생해서 행해지기 때문이다. 신에 대한 사랑도 마찬가지이다. 신앙을 갖는 것이 아니라 직관하도록 자신의 운명이 정해져 있다고 느끼는 자가 볼 때 모든 신자들은 너무 시끄럽고 뻔뻔스럽다. 그는 그들로부터 자신을 방어한다. ___ 선악의 저편

한 사람을 사랑하는 것은 야만적인 짓

신은 죽었다

생폴 병원 정원

생레미 1889

캔버스에 유채

오테를로 크륄러뮐러미술관

뭐라고? 인간이 신의 존재를 믿는 경우에만 인간을 사랑하는 신이라니! 이런 사랑을 믿지 않는 자에겐 무서운 눈길을 보내고 위협을 가하는 신이라니! 뭐라고? 전능한 신이 이처럼 사랑에 단서를 붙이다니! 명예심과 복수심조차 다스리지 못하는 사람이라니! 이 모든 것은 얼마나 동양적인가! "내가 너를 사랑한다 해도, 그게 너와 무슨 상관이란 말인가?" 이것만으로도 기독교 전체를 비판하기에 충분하다.
신이 사랑의 대상이 되려 했다면 먼저 심판과 정의를 포기했어야 했다. 심판을 내리는 자는 아무리 자비로운 재판관이라 해도 사랑의 대상이 되지 못한다. 기독교는 이 점에서 충분히 섬세하지 못했다, 유대인으로서. ___ 즐거운 학문

너무나 동양적인,
너무나 유대적인

신은 죽었다

정오 휴식(밀레 모사)

생레미 1890

캔버스에 유채

파리 오르세미술관

신은 하나의 억측에 불과하다. 그런데 이 억측이라는 고통을 다 마시고도 죽지 않을 자가 누가 있겠는가? 창조하는 자에게서 그의 믿음을, 독수리에게서 하늘을 맴도는 능력을 빼앗으란 말인가?
신이란 반듯한 것을 모두 구부러지게 만들고, 가만히 서 있는 것을 모두 움직이게 하는 사상이다. 그래서 어떻다는 것인가? 시간이 사라져 버리고, 덧없는 모든 것이 거짓에 불과하단 말인가?
이런 모든 것을 생각하면 온몸이 소용돌이치며 어지럽고, 구역질이 난다. 참으로 이러한 억측을 하는 것을 나는 어지러운 현기증이라 부른다.
불멸하는 모든 것은 하나의 비유일 뿐이다!

___ 차라투스트라는 이렇게 말했다

불멸하는 모든 것은
하나의 비유일 뿐이다!

아니에르 센 강의 다리

파리 1887

캔버스에 유채

취리히 E.G.뷔를재단 컬렉션

선과 악, 쾌락과 고통, 나와 너. 이런 것들은 창조자가 보기에는 알록달록한 연기처럼 보일 거라 생각되었다. 창조자는 자신에게서 눈길을 돌리려는 생각으로 세계를 창조했다. 고통에 시달리는 자가 자신의 고통에서 눈을 돌리고 자신을 잃어버리는 것은 도취적인 쾌락이다. 도취적인 쾌락과 자기 자신을 잃어버리는 것이 한때 내가 생각한 세계였다. 영원히 불완전한 이러한 세계, 영원한 모순의 모사(模寫)이자 불완전한 모사. 이러한 세계를 만든 불완전한 창조자에게는 도취적인 쾌락, 이것이 내가 한 때 생각한 세계였다. ___ 차라투스트라는 이렇게 말했다

저편의 세계를 믿는 자들에 대하여

신은 죽었다

작업하러 가는 화가

아를 1888

캔버스에 유채

2차 세계대전 때 화재로 소실

고뇌와 무능력, 이것이 저편의 세계를 믿는 사람들을 만들어 냈고, 더없이 괴로운 사람만이 경험하는 행복이라는 저 짧은 망상이 그런 세계를 만들어 냈다. 목숨을 걸고 뛰어올라 단숨에 궁극적인 것에 이르려는 데서 오는 피로감, 이제 더 이상 바라려고 하지도 못하는 가련하고 아무것도 모르는 피로함, 이것이 온갖 신들과 저편의 세계를 만들어 냈다.

모든 존재는 증명하기 어렵고, 말하게 하기도 힘들다. 그대 형제들이여, 나에게 말해다오. 가장 증명이 잘된 것은 모든 사물들 중에서 가장 불가사의한 것이 아닌가? 그렇다. 이러한 자아, 자아의 모순과 혼란이야말로 자신의 존재에 대해 가장 솔직하게 말해 주고 있다. 창조하고 의욕하고 평가하는 이러한 자아야말로 사물들의 척도이자 가치인 것이다. ___ 차라투스트라는 이렇게 말했다

더없이 괴로운 사람만이
경험하는 행복

질그릇과 감자가 있는 정물

뇌넌 1885

캔버스에 유채

로테르담 보이만스판뵈닝언미술관

신의 나라는 사람들이 왔으면 하고 기대하는 그런 것이 아니다. 신의 나라는 어제도, 내일 이후도 없다. 그것은 천 년이 지나도 오지 않는다. 신의 나라는 마음속의 특정한 경험이다. 그것은 어디에도 있으면서 어디에도 없다.

신이 삶에 대한 미화이자 삶에 대한 영원한 긍정이 되는 대신, 삶에 대한 반박으로 변질되다니! 신 안에서 삶과 자연, 삶에의 의지에 대한 적대가 선언되다니! '이 세상'에 대한 온갖 비방의 공식이자, '저 세상'에 대한 온갖 거짓 공식이 신이라니! 신 안에서 무(無)가 신격화되고, 무에의 의지가 신성시되다니! ___ 안티그리스도

천 년이 지나도 오지 않는 신의 나라

신은 죽었다

주아브 병사(반신상)

아를 1888

캔버스에 유채

암스테르담 반고흐미술관

여기에 영혼의 결핵 환자들이 있다. 그들은 태어나자마자 이미 죽어 가기 시작했고, 피로와 체념의 가르침을 그리워한다. 그들은 기꺼이 죽어 있고자 하니, 우리는 그들의 뜻을 존중해야 할 것이다! 이러한 죽어 있는 자들을 깨우지 않도록, 이러한 살아 있는 관(棺)들을 훼손하지 않도록 우리 조심하자! 그들은 병자나 노인이나 시체와 마주치면 즉시 "삶이 반박되었다!"고 말한다. 그러나 반박된 것은 그들일 뿐이고, 생존의 한쪽 얼굴밖에 보지 못하는 그들의 눈일 뿐이다. 그들은 심상치 않은 우울한 기분에 사로잡혀, 죽음을 불러오는 사소한 우연들을 갈망하면서, 이를 악물고 기다리고 있다. 또는 달콤한 과자를 향해 손을 뻗으며, 자신의 유치함을 비웃기도 한다. 그들은 자신의 지푸라기 같은 삶에 집착하면서, 자신들이 아직 지푸라기에 집착하고 있는 것을 비웃는다. 이들의 지혜는 말한다. "살아 있는 자들은 바보이므로, 그런 만큼 우리도 바보다! 그리고 삶에서 가장 어리석은 것은 바로 이것이다!" ___ 차라투스트라는 이렇게 말했다

죽음을 설교하는 자들에 대하여

신은 죽었다

복권판매소

헤이그 1882

수채화

암스테르담 반고흐미술관

프로방스의 농가

아를 1888 | 캔버스에 유채 | 워싱턴 국립미술관

어느 시대나 그렇듯이 오늘날에도 인간은 노예와 자유인으로 분리된다. 만약 하루의 3분의 2 정도를 자신을 위해 사용할 수 없는 인간이라면, 그가 정치가이든 상인이든 혹은 관리나 학자이든 그저 노예일 뿐이다.

부처가 죽은 뒤에도 인간들은 여전히 수 세기 동안 한 동굴 속에 그의 그림자를 안치시켰다. 거대하고 섬뜩한 그림자를. 신은 죽었다. 그러나 인간의 종이 존재하기에 수천 년에 걸쳐 신의 그림자가 나타나는 동굴이 존재하는 것이리라. ___ 즐거운 학문

신은 죽었다

지혜에 대하여

아를 포룸 광장의 밤의 카페 테라스

아를 1888

캔버스에 유채

오테를로 크뢸러뮐러미술관

아주 희미하게라도 이성의 자유에 이른 자는 지상에서 스스로를 방랑자 이외의 어떤 존재로도 느낄 수 없다. 여행자는 하나의 최종 목표를 향해 가는 것이 아니다. 이런 목표 따위는 애초부터 존재하지도 않는다. ___ 인간적인 너무나 인간적인

방랑자에게
목표는 존재하지 않는다

지혜에 대하여

석탄 자루를 나르는 광부의 아내들

헤이그 1882

수채화

오테를로 크뢸러뮐러미술관

자유로운 정신의 소유자는 정신 자체를 사색할 줄 안다. 또 정신에 수반되는 원칙이나 방향의 진상을 은폐하려고도 하지 않는다. 그 때문에 다른 사람들은 그를 위험한 적으로 간주하며, 경멸과 공포의 감정으로 '비관주의자'라는 꼬리표를 달아 줄 것이다. 원래 인간은 한 개인을 정의 내릴 때 그만이 소유한 탁월한 재능과 감각 대신 가장 배타적인 이미지를 찾아내 덧씌우는 재주를 타고났기 때문이다. ___ 인간적인 너무나 인간적인

인간은 타인의 배타적 이미지를 찾으려 한다

지혜에 대하여

배경에 마차와 기차가 보이는 풍경

오베르쉬르우아즈 1890

캔버스에 유채

모스크바 푸시킨미술관

우리들은 어리석게도 비밀을 털어놓는다. 그것이 우리들의 신뢰를 나타내는 가장 확실한 방법이라고 생각한다. 하지만 우리의 친구가 자신에 대한 비밀을 접한 후 겪게 될 고통이라든가 배신감에 대해서는 전혀 신경 쓰지 않는다. 그 결과 우리는 오래 사귄 친구를 잃고 만다. ___ 인간적인 너무나 인간적인

비밀을 털어놓고
오랜 벗에게 고통을 전가한다

지혜에 대하여

슬퍼하는 노인(영원의 문턱에서)

생레미 1890

캔버스에 유채

오테를로 크뢸러뮐러미술관

지구상에는 수많은 오물이 존재한다. 여기까지는 진실이다. 그러나 이 세계를 거대한 오물로 지칭할 수는 없다. 악취를 풍기는 것마다에는 지혜가 숨겨져 있다. 구토가 날개를 만들고, 샘물을 발견한다. 아무리 훌륭한 책이라도 읽다 보면 어떤 구역질이 끓어오르게 하는 지혜가 숨겨져 있다. 오, 나의 형제여. 세상이 오물로 뒤덮였다는 말은 세상이 지혜로 가득 차 있다는 말과 같은 뜻이다. ___ 차라투스트라는 이렇게 말했다

악취를 풍기는 것마다
지혜가 숨겨져 있다

지혜에 대하여

말 석고상

파리 1886

다중 보드 위 마분지에 유채

암스테르담 반고흐미술관

오류가 조용히 우리 곁으로 다가온다. 그런데 우리는 반박할 수가 없다. 다만 차갑게 얼어 버릴 뿐이다. 먼저 버림받은 천재들이 얼어 버린다. 저쪽 구석에서 잊혀진 성자들이 얼어 버린다. 두꺼운 기둥 밑에서 영웅들이 얼어 버린다. 마침내 신앙이, 그리고 신념이 얼어 버린다. 동정심도 더는 버틸 힘이 없다. 그나마 조금씩 싸늘해지는 것을 다행스럽게 여긴다. ___ 이 사람을 보라

조금씩 싸늘해짐을 다행스럽게 여긴다

지혜에 대하여

채석장이 있는 몽마르트르 언덕

파리 1886

캔버스에 유채

암스테르담 반고흐미술관

내가 동정을 비난하는 까닭은 그것이 수치에 대한 감정을 쉽게 잊어버리기 때문이다. 타인을 동정한다는 것은 한마디로 무례한 짓이다. 동정은 운명을 파괴하고, 치명적인 고독에 특권을 부여하며, 거리낌 없이 죄를 용서한다. 인간은 자신이 누군가를 동정할 때 느껴지는 고귀한 감상 때문에 이 무례한 괴물에게 도덕의 관념을 덧씌웠다. ___ 이 사람을 보라

누군가를 동정하며
스스로를 고귀하다고 느낀다

지혜에 대하여

자화상(폴 고갱에게 헌정)

아를 1888

캔버스에 유채

하버드대학교 포그미술관

보라! 지혜의 신 아폴론도 디오니소스 없이는 존재할 수 없었노라! '영웅적인 것'과 '야만적인 것'이 공존할 수밖에 없다는 사실은 아폴론의 존재처럼 필연적이었다.
이제 한번 생각해 보자. 이 가상과 규범 위에 인공적인 담장을 두른 우리의 세계 속으로 어떻게 저 디오니소스가 베푼 황홀한 축제가 스며들 수 있었는지, 어떻게 저 마법의 선율들이 우리를 감염시킬 수 있었는지. 이 선율 속에 흐르는 즐거움과 고통 그리고 과도한 인식에 사로잡힌 저 자연의 섭리는 대체 어디서 시작된 것인지.
백성들을 현혹시킨 이 악마적인 노래에 대해 아폴론을 따르는 단조로운 예술가들의 하프 소리가 대체 무엇을 할 수 있었단 말인가. 예술의 여신 뮤즈는 진리의 도취 앞에서 혈색을 잃었다.
인내와 규범에 매몰된 개체들은 이제 디오니소스적 자기 망각으로 몰락해 버렸다. ___ 비극의 탄생

인내와 규범에 매몰되어
몰락해 버린 개체들

달이 뜨는 저녁 풍경

생레미 1889

캔버스에 유채

오테를로 크뢸러뮐러미술관

인간이 세상에 살아 있다는 것 혹은 삶을 창조하겠다는 것, 그것은 파멸이자 모욕이다. 이를 단죄하려면 저 질곡의 교양 속에 세워진 울타리에 증오를 퍼붓는 수밖에 없다. 그리고 생산적인 정신을 창조자이며 구원자인 신의 운명으로 대신하고 고독한 지식인, 버림받은 현자로 생을 마친다. 이는 너무나 고통스러운 광경이다. 그는 자신에게 속삭인다. 무엇을 선택해야 하는가? 이 깊은 인식 외에 무엇이 남아 있단 말인가. 그는 자신의 인식을 선언하고, 두 손 가득 움켜쥐고, 땅에 뿌리고, 하나의 욕구를 심는다. 이 강렬한 욕구로부터 언젠가 행동이 발생할 것이다. 나는 이 위급한 욕망과 인식이 어디에서 비롯되었는지 분명히 밝히고 의문을 남기지 않기 위해 나의 증언을 분명히 기록해 둬야 한다. ___ 반시대적 고찰

삶을 창조하겠다는 것은 파멸이자 모욕이다

지혜에 대하여

헤이그의 제철소

헤이그 1882

수채화

개인 소장

처음 만나는 사람 혹은 아직 완전히 파악되지 않은 사람과 만났을 때 모두가 잘 아는 진부한 사상에 대해 떠들고 자신과 약간이라도 친분이 있는 지인이나 여행에 관해 이야기하는 까닭은, 자신들이 그다지 대단한 인물이 아니라는 것 그리고 그렇게 경계할 필요가 없다는 것을 보여주고 싶기 때문이다. ___ 인간적인 너무나 인간적인

낯선 사람과 진부한 사상에 대해 떠드는 까닭

지혜에 대하여

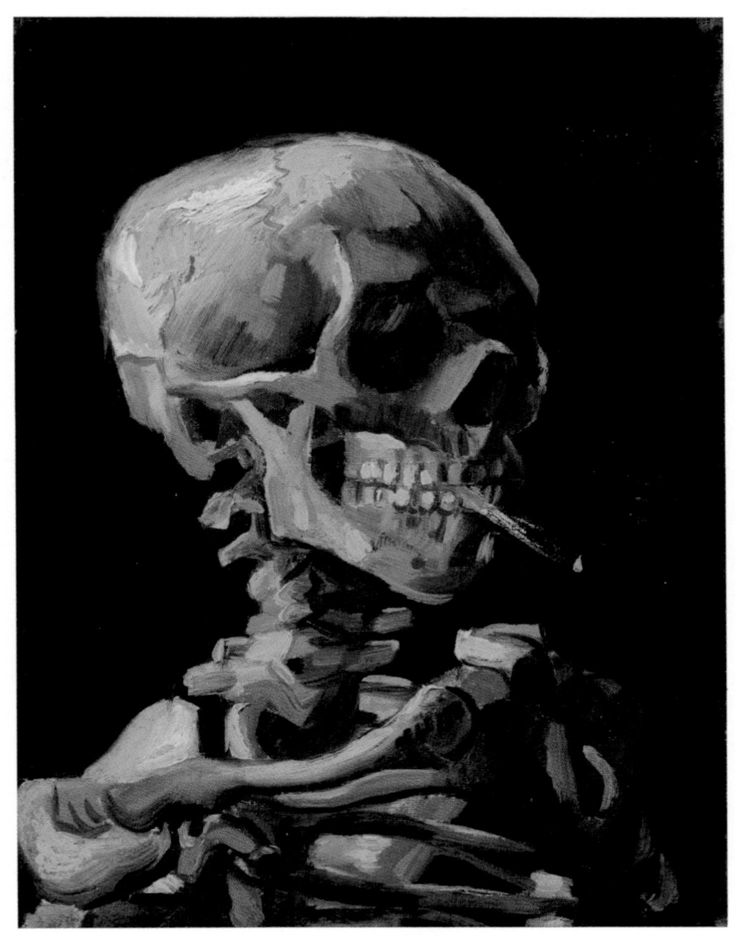

담배를 피우는 해골

안트베르펜 1885~1886

캔버스에 유채

암스테르담 반고흐미술관

도덕적 인간은 물질적 인간보다 더욱 위험하다. 왜냐하면 물질은 도덕을 잠재울 수 없으나, 도덕은 물질의 가치를 잠재울 수 있기 때문이다. 이 명제는 역사적 인식으로 단련되어 언젠가는 아마도 가까운 장래에 인류의 형이상학적 요구를 찍어 버릴 도끼로 사용될 것이다. 그것이 인류의 축복이 될지 혹은 저주가 될지 지금으로서는 말하고 싶지 않다. ___ 이 사람을 보라

물질적 인간보다 도덕적 인간이 더 위험하다

쟁기로 갈아 놓은 들판

아를 1888

캔버스에 유채

암스테르담 반고흐미술관

개인이나 민족이 아닌, 인간의 자격으로 인류는 엄청난 잘못을 저질렀다! 우리는 삶을 경멸하기 위해 영혼과 정신을 날조했다. 삶의 전제인 성을 더러운 것으로 가르쳤다. 생장의 기본 덕목인 이기심을 수치로 비하했고, 쇠퇴의 전형적 징후인 희생에 가치를 부여했다. 그리고 모순과 상실과 개성과 이웃을 신념으로 둔갑시켰다!
나는 무엇을 말하고 있는가? 내가 말하려는 것이 인간의 퇴화인가? 아니다. 내가 말하려는 것은 결코 인간의 퇴화가 아니다. 우리의 시작이 이미 퇴화였다! 그래서 우리들은 퇴폐적인 가치를 최고의 선으로, 자기기만을 윤리로 가르쳤던 것이다. 우리가 가르치는 도덕의 근본은 배척이다. 그것도 자아의 배척이다! '나는 언젠가 파멸한다'라는 인식을 '우리 모두는 파멸해야 한다'로 잘못 번역한 것이다! ___ 이 사람을 보라

우리가 가르치는
도덕의 근본은 배척이다

지혜에 대하여

코르드빌의 짚을 얹은 오두막

오베르쉬르우아즈 1890

캔버스에 유채

파리 오르세미술관

활동가는 보다 높은 수준의 활동에 거부감을 드러낸다. 여기서 말하는 좀 더 높은 수준의 활동이란 개성적인 활동을 뜻한다. 그들은 관리, 상인, 학자로서 활동하며 많은 장르를 개척했지만 특정한 덕목을 갖춘 개인으로 활동하지는 못한다. 이런 점에서 비춰볼 때 한마디로 그들은 나태하다. 어느 시대나 그렇듯이 오늘날에도 인간은 노예와 자유인으로 분리된다. 만약 하루의 3분의 2 정도를 자신을 위해 사용할 수 없는 인간이라면, 그가 정치가이든 상인이든 혹은 관리나 학자이든 그저 노예일 뿐이다.

___ 인간적인 너무나 인간적인

하루의 반도
자신을 위해 사용하지 못한다면
노예일 뿐이다

지혜에 대하여

폭풍우 치는 하늘 아래 풍경

아를 1888

캔버스에 유채

개인 소장

복수란 어리석은 짓을 최대한 빨리 회복시키는 일이다. 비유컨대 레몬의 신맛을 혀에서 없애기 위해 꿀을 먹는 것과 비슷하다. 레몬에 대한 최고의 복수는 바로 꿀이기 때문이다.

___ 이 사람을 보라

복수의 의미

파시앙스 에스칼리에의 초상화

아를 1888

캔버스에 유채

개인 소장

좋은 종자일수록 수확이 기대만큼 풍요롭지 않다. 그대들, 보다 높은 존재들이여, 너희들은 모두 더러운 인종이 아닌가. 실망하지 말라. 인종 따위가 무슨 소용인가. 아직도 배워야 할 것이 많다. 세상 사람들의 실없는 웃음을 너희도 이제 배워야 할 때가 되었다. 그대들, 파멸의 자식들이여, 그대들이 부족하다고 해서 이상할 것이 무엇인가. 그대들은 이미 인간의 미래와 충돌하고 있지 않은가. 영혼의 가장 깊은 곳, 별처럼 높은 곳, 그 거대한 힘, 이것들이 모두 그대들의 영혼 속에서 거품을 뿜고 있지 않은가. 이상한 일이 무엇인가. 세상 사람들이 웃지 않고는 못 배기는 것처럼 그대들은 웃으며 자신을 내던지는 방법을 배워라. 그대들, 보다 높은 존재들이여, 아직도 가능한 일이 얼마나 많은가.

___ 차라투스트라는 이렇게 말했다

웃으며 자신을 내던지는 방법을 배우라

지혜에 대하여

밤의 흰 집

오베르쉬르우아즈 1890

캔버스에 유채

상트페테르부르크 예르미타시미술관

난롯가에서 요리하는 여인

뇌넌 1885 | 캔버스에 유채 | 뉴욕 메트로폴리탄미술관

5

인간에 대하여

만약 인간이 계급화되지 않았더라면 인간의 역사는 무의미해졌을 확률이 높다. 평등은 인간을 나태하게 만들기 때문이다. 계급 덕분에 인간은 오늘날과 같이 향상된 존재가 될 수 있었다.

인과성의 법칙처럼 신앙으로 완전히 길들여진 경우도, 그것을 믿지 않으면 종족이 몰락할 정도로 혈육화된 것이라고 해도, 이것 때문에 진리란 말인가? 얼마나 희한한 추론인가! 마치 진리는 인간이 존속하고 있다는 것 자체로 증명이나 되고 있는 듯 말하고 있다. ___ 권력에의 의지

인간을 증명하는 진리의 허위

인간에 대하여

구두 한 켤레

파리 1886

캔버스에 유채

볼티모어미술관

힘이라는 위대한 개념은 현대 물리학자가 신과 세계를 창조하는 데 이용한 것으로 여전히 보완될 필요가 있다. 즉 '권력에의 의지'로써, 바꿔 말하면 권력을 표명하는 또는 권력을 행사하고 실행하려는 강력한 의지를 내포하고 있다. 이 의지는 창조적 충동 따위로 특징짓기에는 무리가 있다. 따라서 권력을 다스리는 하나의 내적 의지가 그 힘을 돌리지 않으면 안 된다. ___ 권력에의 의지

권력을 다스리는 내적 의지가 필요하다

인간에 대하여

목수의 작업장과 세탁장

헤이그 1881

연필, 펜, 붓, 밝은 흰색

오테를로 크뢸러뮐러미술관

선이란 무엇인가? 권력에 대한 느낌과 의지 그리고 권력 자체를 인간 안에서 강화시키는 모든 것이다. 악이란 무엇인가? 허약함에서 비롯되는 모든 것이다. 행복이란 무엇인가? 권력이 증가하는 느낌과 저항이 극복되었다는 느낌을 느끼는 것이다.

—— 반그리스도

인간의 선, 악, 권력

인간에 대하여

자장가(룰랭 부인)

아를 1889

캔버스에 유채

시카고아트인스티튜트

만물이 살고 있는 이 세상에서 인간은 모든 생물의 심판자인가? '세계 대 인간'의 모든 태도, …… 사물의 가치척도로서의 인간, 마침내는 존재 자체를 자기의 저울대 위에 올려놓고는 그것을 너무 가볍다고 생각하는 세계 심판자로서의 인간 — 이러한 태도의 정상을 벗어난 어처구니없음은 그 정체를 드러내어 우리에게 혐오감을 느끼게 한다. 우리는 '인간과 세계'가 서로 병립되어 있고, 따라서 '과'라는 귀여운 단어의 숭고한 뻔뻔함에 의해 분리되어져 있음을 발견할 때 웃지 않을 수 없다. ___ 즐거운 학문

인간은
세계의 심판자인가?

인간에 대하여

노란 집

아를 1888

캔버스에 유채

암스테르담 반고흐미술관

인간의 모든 위대함이나 강함이 초인간적인 것으로써 밖에서 온 것으로 포착되고 있는 한 인간은 스스로를 왜소하게 만든다. 인간은 극히 가련하고 약한 면과 극히 강하고 놀라운 두 가지 면을 가지고 있다. 두 가지 영역 가운데를 분열시키고 전자를 '인간', 후자를 '신'이라 부른 것이다. ___ 권력에의 의지

인간이 신의 영역을 만들어 부른다

인간에 대하여

운동하는 죄수들(도레 모사)

생레미 1890

캔버스에 유채

모스크바 푸시킨미술관

인간의 동경은 그들이 구축한 세계를 파괴하고 신들을 뛰어넘어 죽음을 향해 내달린다. 인간의 삶과 인간이 만들어 낸 삶의 신들, 혹은 저 불멸의 언덕에 도달했던 생의 환희도 여기서 그만 멈춰 버린다. 한번 맛본 진리가 인간의 뇌리 속에서 끊임없이 진동을 일으킨다. 이제 인간은 도처에서 삶의 공포, 삶의 부조리와 마주친다. 이제 그는 지혜의 정체를 알게 되었다. 그리고 쉬지도 않고 계속해서 구역질을 해 대는 것이다. ___ 비극의 탄생

삶의 부조리와 마주친 인간이
계속해서 구역질을 해 댄다

인간에 대하여

오베르 풍경

오베르쉬르우아즈 1890

캔버스에 유채

암스테르담 반고흐미술관

소크라테스는 그의 출생으로 미뤄 볼 때 최하층 계급이었던 듯하다. 소크라테스는 한마디로 천민이었다. 게다가 그는 추한 몰골을 가지고 있었다. 외모가 추하다는 것을 그리스 인들은 일종의 범죄로 취급했다. 그렇다면 소크라테스는 진정 그리스 인이었을까. 인류는 추악함의 근간으로 혼혈을 꼽는다. 우리는 지금도 혼혈 때문에 발달이 저하되었다는 결론을 종종 듣게 된다. 인류학자는 우리에게 말한다. "전형적인 죄수들은 모두 혼혈이며 그 때문에 추악하다." 그들은 '외모도 괴물이고 정신도 괴물'이다. 그런데 죄인이라는 것은 하나의 데카당스다. 그렇다면 소크라테스는 진정 죄인이었을까. 소피로스라는 관상가가 내린 유명한 판단이 우리의 궁금증을 해결해 줄 것이다. 그 판단은 소크라테스를 잘 아는 친구들에겐 매우 유감스러운 말이었다. 인상에 관심이 있는 어느 외국인이 아테네를 지나가다 소크라테스를 만났다. 그는 소크라테스를 보고 이렇게 말했다고 한다. "그대는 '괴물'이다. 그대는 모든 좋지 않은 악덕과 욕망을 마음속에 간직하고 있다." 그러자 소크라테스가 대답했다. "자넨 나라는 인간을 제대로 알고 있네 그려." ___ 우상의 황혼

모든 좋지 않은 악덕과 욕망을 마음속에 간직한 죄인

인간에 대하여

론 강 위로 별이 빛나는 밤

아를 1888

캔버스에 유채

파리 오르세미술관

아버지의 살해자인 오이디푸스, 어머니의 남편인 오이디푸스, 스핑크스의 수수께끼를 푼 오이디푸스. 이 운명의 세 가지 얼굴은 우리에게 대체 무엇을 말하고 싶은 것인가. 태곳적 페르시아에는 이런 민간신앙이 있었다. '현명한 마법사는 근친상간에 의해서만이 태어날 수 있다.' 우리는 이 페르시아의 신앙을 통해 인간의 영원한 수수께끼를 해결하고, 자신의 어머니를 해방시킨 오이디푸스에 대해 다음과 같이 해석해야 한다. 예언적이고 마법적인 힘이 현재와 미래의 속박을 풀고, 개별화된 불변의 법칙을 깨고, 자연의 고유 영역마저 어느 정도 무너뜨리는 사태가 발생하기 직전, 그 원인으로써 비자연적인 사건 마치 근친상간처럼 이 선행되어야만 한다. 왜냐하면 인간이 자연법칙의 숙명으로부터 벗어나기 위해서는 비자연성을 구축할 수밖에 없기 때문이다. 이러한 인식이 오이디푸스의 운명에 새겨져 있음을 나는 확인했다. 자연이 인간에게 제시한 저 이중적인 스핑크스의 수수께끼를 푼 사람은 아버지의 살해자이며, 어머니의 남편으로서 성스러운 질서를 파괴해야만 하는 것이다. 오이디푸스 신화는 우리에게 이렇게 말한다. 지혜라는 것은 자연에 거역하는 하나의 만행이노라. 자신의 지혜로 자연의 법칙을 파멸시킨 자의 운명은 자신이 이룩한 세계마저 파멸시킬 수밖에 없노라. 오이디푸스는 우리에게 외치고 있다. "지혜의 칼끝은 지혜로운 자에게 향한다. 인간의 지혜는 자연에 대한 범죄이다." ___ 비극의 탄생

지혜란 자연에 거역하는 하나의 만행이다

일몰: 아를 부근의 밀밭

아를 1888

캔버스에 유채

빈터투어미술관

고금을 통하여 매일같이 반복되는 역사는 누구를 위해 만들어지는가. 그대가 누리는 하루하루의 역사를 만들어 내는 힘은 무엇인가. 그 역사를 성립시키는 그대의 습관을 자세히 들여다보라. 그 습관이 무수히 작은 두려움과 나태의 산물인가. 아니면 그대를 둘러싼 용기와 창조적인 이성의 선물인가. 이 두 가지 경우는 매우 다르지만, 사람들은 그대의 선택과 상관없이 자신들에게 이익이 되는 조건을 찾아 그대를 칭찬할 것이라는 점을 명심하라. 그대가 어떤 선택을 하든지 그대가 할 수 있는 일은 결국 크게 다르지 않다는 점을 명심하는 것이다. 사람들의 칭찬이나 명성은 양심의 가책을 느끼지 못하는 자를 만족시킬 뿐이다. 그대처럼 내면의 음성에 귀를 기울일 줄 아는 자는 '하느님은 사람의 의로움과 결백함에 따라 심판하신다(시편 7:9)'라는 구절만으로는 결코 만족을 느끼지 못한다. ___ 즐거운 학문

칭찬은
양심의 가책이 없는 자를
만족시킬 뿐이다

인간에 대하여

압생트가 있는 정물

파리 1887

캔버스에 유채

암스테르담 반고흐미술관

최근 수 세기 동안 인간은 학문에 열광했다. 그 첫 번째 이유로 사람들은 학문과 함께, 아니 학문에 의해 신의 지혜를 이해하게 될 것으로 기대했다. 이것은 위대한 영국인, 즉 뉴턴이 학문에 인생을 바친 주된 원인이었다. 두 번째 이유로 사람들은 학문이 인간의 인식을 절대적인 영역으로 끌어올려 주기를 고대했다. 도덕과 지식과 행복의 결합이 신의 삼위일체를 대신해 줄 것으로 기대했다. 이것은 위대한 프랑스 인, 즉 볼테르가 학문에 인생을 바친 주된 원인이었다. 세 번째 이유로 사람들은 학문이 아무것도 원하지 않기를 요구했다. 다만 해롭지 않은 것, 공평한 것, 진실한 것, 인간과 전혀 상관없는 것에 집착하기를 바랐다. 이것은 인식자로서 자신이 바로 신이라고 착각한 스피노자가 학문에 인생을 바친 주된 원인이었다. 이 세 가지 착각에 의해 학문이 발달할 수 있었다. ___ 즐거운 학문

세 가지 착각에 천재들은 인생을 바쳤다

생트마리 바다 풍경

아를 1888

캔버스에 유채

모스크바 푸시킨미술관

이상을 좇는 인간은 구제할 방법이 없다. 그는 천국에서 추방당하면 지옥에서 새로운 이상을 찾아내는 인간이기 때문이다. 그에게 환멸을 안겨 주면, 방금 전까지 열렬한 헌신으로 품고 있던 희망을 내동댕이치고 곧바로 이 새로운 고통을 품에 안는다! 그의 이 같은 특징은 인간의 본성 중에서도 가장 난해한 성질이다. 이 난해한 성질 때문에 그는 늘 비극을 자초하고 나중에는 스스로 비극의 주인공이 되기도 한다. ___ 인간적인 너무나 인간적인

이상에만 매몰된 사람은 파멸할 수밖에 없다

인간에 대하여

구름 낀 하늘 아래 밀밭

오베르쉬르우아즈 1890

캔버스에 유채

암스테르담 반고흐미술관

인간을 움직일 수 있는 유일한 원동력은 굶주림과 성욕과 허영이다. 만약 당신이 인식을 사랑한다면, 인간이 저능하다는 내 말에 동감한다면, 모든 문명의 끝이 항상 사악했다는 당신의 경험을 인정한다면 내 말에 귀를 기울여야 한다. 언젠가 인간은 굶주림과 성욕과 허영에 지쳐 자기 자신을 자신의 이빨로 물어뜯고, 삼키고, 애무하고, 내뱉어 버릴 것이다. ___ 선악의 저편

굶주림, 성욕, 허영심의 이용이 통치의 핵심이다

인간에 대하여

씨 뿌리는 사람

아를 1888

캔버스에 유채

오테를로 크뢸러뮐러미술관

인간을 향상시킨 것은 지금까지 귀족 사회의 몫이었다. 귀족들은 인간과 인간 사이에 결코 넘어서는 안 될 서열이 있음을 믿었고, 그 믿음의 결과가 노예제도였다. 오랜 역사를 통해 지속된 인간의 계급화가 마침내 혈액으로 침투되어 인간은 태어나면서부터 인성에 맞는 신분이 아닌 신분에 맞는 인성이 주어지게 되었다. 하지만 이 계급 덕분에 많은 인간들이 자신의 실체를 좀 더 확실하게 깨달을 수 있었다. 그들은 계급을 뛰어넘으려고 시도했고, 그 와중에 계급에 맞게 할당된 이 부조리한 인간성을 극복해야 할 필요성을 절감했다. 만약 인간이 계급화되지 않았더라면 인간의 역사는 무의미해졌을 확률이 높다. 평등은 인간을 나태하게 만들기 때문이다. 계급이라는 사회적 신분이 인간을 억압할수록 그들은 계급이 귀속할 수 없는 초월적인 의미들을 만들고자 노력했고, 그 결과 인간은 오늘날과 같이 향상된 존재가 될 수 있었다. ___ 선악의 저편

불평등한 계급이
인간의 초월적 의미를 만들었다

에턴의 길

에턴 1881

초크, 연필, 파스텔, 수채

뉴욕 메트로폴리탄미술관

현대인들은 인간의 고민을 위선이라고 비난한다. 우리는 너무 빨리 결정하고 있다. 고민이나 사색은 그저 걸어가면서 해치우면 그만이라고 생각한다. 인간은 점차 품위를 상실하고 있다. 인간이 더 이상 생각할 수 없다면 우리는 단지 기계일 뿐이다. 어쩌면 우리 머릿속에 이미 기계가 자리 잡았는지도 모른다. 그 기계의 성능에 따라 우리의 생각과 품위가 결정되는지 모른다. ___ 즐거운 학문

현대인은
고민의 형식을 상실하고
품위를 잃었다

인간에 대하여

르픽 가의 빈센트 방에서 본 파리 풍경

파리 1887

캔버스에 유채

암스테르담 반고흐미술관

우리들은 모든 것을 다시 배워야 한다. 그리고 겸손해져야 한다. 우리는 더 이상 인간을 '정신'이나 '신성'에서 찾지 않는다. 우리는 인간을 동물로 되돌려 보내야 한다. 인간이 동물을 지배할 수 있었던 까닭은, 그리고 부여되지 않은 신성을 갖춘 것처럼 위장할 수 있었던 까닭은 인간이 교활했기 때문이다. 그 교활함의 결과가 바로 우리의 정신이다. ___ 반그리스도

인간은 교활한 정신을 갖고 세상을 지배했다

인간에 대하여

이동식 주택이 있는 집시의 야영지

아를 1888

캔버스에 유채

파리 오르세미술관

사소한 것, 한정된 것, 진부한 것, 낡은 것을 모아 인간은 아늑한 보금자리를 마련한다. 이 지나간 시간들을 통해 인간은 자신의 품격과 불가침성을 확인하려는 것이다. 그가 사는 도시의 역사가 곧 그의 역사이며 성벽, 탑, 시청, 축제는 마치 소년 시절의 그림일기처럼 정겹기만 하다. 이런 것들로부터 인간은 자기 자신을, 힘을, 근면을, 즐거움을, 판단을, 어리석음과 실수를 발견하곤 만족해한다.
“여기서 살았다. 지금 살고 있기 때문에 앞으로도 계속 살 것이다. 나는 강인하다. 이 거대한 도시의 일부이기 때문이다. 이 거대한 도시가 하루아침에 무너지지는 않을 테니까 나도 쉽게 사라지지는 않을 것이다”라고 그는 혼잣말처럼 중얼거린다. ___ 반시대적 고찰

지나간 시간을 통해
인간은 자신의 불가침성을
확인하려 한다

인간에 대하여

회색 펠트 모자를 쓴 자화상

파리 1887~1888

캔버스에 유채

암스테르담 반고흐미술관

오늘날 '교양'이라는 것은 자신이 입고 있는 옷과 자신이 직접 구입한 집에 어느 정도 만족하고 있는가, 혹은 시내를 활보할 때나 유행하는 미술관에 들렀을 때 어느 정도 사람들의 주목을 끌 수 있는가에 달려 있다. 오늘날 스스로를 교양인이라고 자각하는 인사들은 만찬에서 유행하는 예절을 뽐내고 미술관, 음악회, 극장 등을 순방하며 현대적인 예술을 유감없이 즐기다가 이 시대를 짓누르는 그로테스크한 퇴적물로 사라지게 될 것이다.

—— 반시대적 고찰

스스로를 교양인이라고 자처하는 사람들

인간에 대하여

뽕나무

생레미 1889

캔버스에 유채

패서디나 노턴사이먼미술관

사이프러스 나무와 밀밭

생레미 1889 | 캔버스에 유채 | 뉴욕 메트로폴리탄미술관

6

존재에 대하여

원하는 것을 이미 소유한 자는 '강자' 또는 '억압자'로 불린다. 반대로 원하는 것을 아직 얻지 못한 자는 상대적으로 '약자'이며 '소외된 자'로 인식된다. 얻지 못했을 때 그것은 사랑이 되고, 얻었을 때 그것은 소유가 된다.

언제쯤 작별을 고해야 되는 것일까. 너는 이제 네가 인식하고 측정하려는 것에 이별을 고해야 한다. 적어도 어느 한 시기까지는 이별을 유지해야 한다. 네가 이 도시를 떠났을 때 비로소 도시의 탑들이 얼마나 높게 솟구쳐 있었던가를 알게 될 것이다.

—— 인간적인 너무나 인간적인

어느 한 시기까지는
인식에 이별을 고해야 한다

존재에 대하여

눈이 내린 뇌넌의 목사관 정원

뇌넌 1885

패널 위 캔버스에 유채

패서디나 노턴사이먼미술관

"방랑자여 그대는 누구인가? 그대는 지금까지 무엇을 해 왔는가? 방랑자여 여기서 쉬거라. …… 그대는 무엇을 원하는가? 무엇이든 그대에게 주리라."

"…… 호기심 많은 분이시여 무슨 말씀을 하시는 거요! 주시려거든 부디…… 또 하나의 가면! 제2의 가면을 주시오." ___ 선악의 저편

"부디
또 하나의 가면을 주시오"

존재에 대하여

파리 외곽에서

파리 1887

캔버스에 유채

개인 소장

행동하는 자는 항상 양심이 없다고 괴테는 한탄했지만, 행동하는 인간은 또한 지식이 없을 때가 많다. 그는 한 가지 일에 너무 열중한 나머지 중요한 진실을 잃어버린다. 모든 행동하는 자는 그의 행동이 실제로 사랑받는 것 이상으로 자신의 행동을 사랑한다. 그리고 최선의 행동은 늘 이 같은 과잉된 사랑 속에서 빚어진다. ___ 반시대적 고찰

한 가지 일에 열중한 사람은
중요한 진실을 잊어버린다

아를의 여인: 책과 함께 있는 지누 부인

아를 1888

캔버스에 유채

뉴욕 메트로폴리탄미술관

가장 생산적인 사람들의 생애에 대해, 또 민중의 삶을 살펴본 다음 스스로에게 한번 물어보도록 하자. 앞으로 엄청나게 성장할 저 수목들은 과연 다가올 폭풍우를 피해야만 하는 것일까. 외부로부터의 분리와 반대, 어떤 종류의 증오와 질투, 불신, 탐욕, 난폭과 같은 개념이 없었다면 인류는 도덕을 깨닫지 못했을 것이다. 마찬가지로 저 거대한 어린 새싹은 퍼붓는 빗속에서 더욱 강인하게 자랄 수 있지 않을까. 연약한 인간을 말살해 버리는 외부의 고통도 결국 살아남게 될 인간에겐 영양제에 불과하다. 살아남은 자들은 결코 고통을 아픔이라 부르지 않는다.

___ 즐거운 학문

살아남은 자들은
고통을 아픔이라
부르지 않는다

존재에 대하여

오렌지를 든 아이

오베르쉬르우아즈 1890

캔버스에 유채

개인 소장

간밤의 폭풍을 뚫고 살아남은 영혼은 밝게 갠 아침 햇살에 자신을 옥죄던 긴장을 푼다. 그리고 몇 달 혹은 몇 년씩 이 노곤하게 긴장이 풀어진 정오를 요구한다. 시끄러운 세상의 소리가 점차 그의 귓전에서 멀어지고 따스한 태양만이 머리카락을 어루만진다. 사람들의 눈이 닿지 않는 숲 속에는 목신(牧神)이 잠들어 있다. 자연은 목신과 함께 잠에 취해 그의 물음에 아무런 대답도 하지 않는다. 그는 이제 아무런 희망도 없고 아무런 생각도 없다. 심장은 어느새 멈춰 버렸고, 오직 그의 눈만이 살아 있다. 눈동자만이 사물을 분별하는 일종의 죽음과 같은 상태다. 그때 인간은 일찍이 경험한 적이 없는 수많은 현상들과 직면하게 된다. 그의 동공은 빛으로 짠 그물에 가로막히고, 엄청나게 밀려오는 빛에 매장되어 버린다. 그때서야 비로소 인간은 행복에 도취된다. 하지만 그 행복은 너무나 가혹한 행복이다. 잠시 후 나무들 사이에서 바람이 불어온다. 한낮은 이미 지나간 지 오래다. 생활이 다시 그를 삶의 터전으로 던져 버린다. 맹목의 눈을 가진 생활이 어젯밤처럼 그의 동반자가 되어 그를 기만한다. 그의 뒤에는 소망, 망각, 향락, 부정, 무상이라는 그림자가 펼쳐진다. 그리고 또다시 황혼이 찾아온다. 황혼은 오늘밤도 폭풍과 함께 일렁인다. 인간은 삶이라는 물질의 활동을 이런 식으로 해석하고 싶어 한다. 그들 대부분은 인생을 병적인 것에 가까운 증상으로 오해한다. 그것이 꼭 잘못된 관념만은 아니다. ___ 인간적인 너무나 인간적인

가혹한 행복은 순식간에 지나가고 생활의 기만이 찾아온다

존재에 대하여

몽마르트르의 거리 풍경 푸아브르의 풍차

파리 1887

캔버스에 유채

암스테르담 반고흐미술관

교육은 우리를 변화시킨다. 영양물은 단지 우리를 보존할 뿐이다. 우리의 정신에는 결코 가르칠 수 없는 숙명의 화강암이 있고, 예정된 질문에 대한 준비된 대답이 있다. 이 정신적 구조가 바로 '나는 누구이다'와 같은 뿌리인 셈이다. 이 뿌리에 물을 주는 것이 바로 교육이다. ___ 선악의 저편

뿌리에 물을 주는 것이 교육이다

존재에 대하여

오래된 방앗간

아를 1888

캔버스에 유채

버팔로 올브라이트녹스미술관

결혼은 하나의 것을 창조하고 싶은 두 사람의 의지이다. 그러나 결혼이 만들어 내는 한 가지는 그것을 만드는 데 필요한 두 개 이상의 의지를 필요로 한다. 의지를 함께 공유하는 자로서 상호 간에 경의를 표하는 것, 나는 이것이 결혼이라고 생각한다.

___ 차라투스트라는 이렇게 말했다

결혼은 하나되기 위해
둘 이상의 의지를 필요로 한다

존재에 대하여

숲 언저리

헤이그 1882

패널 위 캔버스에 유채

오테를로 크뢸러뮐러미술관

비록 아주 조그마한 행복일지라도 날마다 찾아와서 우리를 기쁘게 해 줄 수 있다면, 불쾌와 갈망과 궁핍의 시기에 찾아오는 저 거만한 기쁨보다 훨씬 소중하다. ___ 반시대적 고찰

거만한 기쁨보다 작은 행복이 소중하다

존재에 대하여

외젠 보흐의 초상화

아를 1888

캔버스에 유채

파리 오르세미술관

사람들은 사랑에 목을 맨다. 그러나 소유와 사랑! 이것은 엄연히 다른 관념이다. 하지만 둘은 동일한 충동에서 빚어진 이중적인 결과일지도 모른다. 원하는 것을 이미 소유한 자는 자신의 소유물에 대한 권리를 행사한다. 그 때문에 그는 타인들로부터 '강자' 또는 '억압자'로 불린다. 그래서 소유욕은 늘 부정적인 취급을 받는다. 반대로 원하는 것을 아직 얻지 못한 자는 상대적으로 '약자'이며 '소외된 자'로 인식된다. 그래서 사랑은 늘 긍정적인 취급을 받는다. 얻지 못했을 때 그것은 사랑이 되고, 얻었을 때 그것은 소유가 된다. ___ 즐거운 학문

소유와 사랑은
동일한 충동에서
다른 관념으로 향한다

몽마주르 왼편의 프로방스의 추수

아를 1888

수채화와 펜

하버드대학교 포그미술관

생폴 병원 복도

생레미 1889 | 검정 초크와 구아슈 | 뉴욕 메트로폴리탄미술관

7

세상에 대하여

세상을 바꿀 수 있는 최대의 사건과 최고의 사상은 이해되기 힘들다. 이런 사건이나 사상과 같은 시기를 살아가는 인간은 정작 이런 것들을 경험하지 못한다. 다만 그 곁을 지나치며 살아가는 것이다.

인류 외부의 적이 사라지자 관습을 억누르는 협소함과 꼼꼼함에 처박혀진 인간은 참을 수 없어 자신을 찢고, 책망하고, 괴롭히고, 학대했다. …… 황야에의 향수에 지쳐 스스로 고문대와 위험한 황야에 자신을 내던지지 않을 수 없었던 이 가련한 동물, 이 바보, 그리움에 지치고 절망해 버린 이 죄수의 '양심'이야말로 가책의 발명자가 된 것이다. ___ 도덕의 계보

인간의 양심이
스스로를 괴롭히는 발명자이다

앉아 있는 주아브 병사

아를 1888

캔버스에 유채

개인 소장

통치자는 육체적 정신적으로 재갈 물린 이들을 매개로 하여 그 나라의 모든 청년층을 국가에 유익한 교육을 받도록 한다. 무엇보다도 국가에 의해 승인되고 인정된 생활 진로만이 사회적 영예로 나아가는 길이라고 믿도록 한다. 그러한 성향은 모든 사람들이 알아채지 못할 정도로 전염된다.

___ 인간적인 너무나 인간적인

통치자는
국가에 유익한 교육만을 고집한다

세상에 대하여

아니에르의 라 시렌 레스토랑

파리 1887

캔버스에 유채

파리 오르세미술관

나는 금욕주의도 다시금 자연화하고자 한다. 즉 부정을 겨냥하는 의도를, 강화를 겨냥하는 의도가 대신했으면 한다. 의지의 체계, …… 이따금 하는 단식, 행위의 결의, …… 모험이나 고의적 위험을 가지고 하는 실험, 약속을 지키는 일에 있어서의 강함도 음미하는 것이 고안되어야 했다. ___ 권력에의 의지

부정을
'강화'가 대신하게 한다

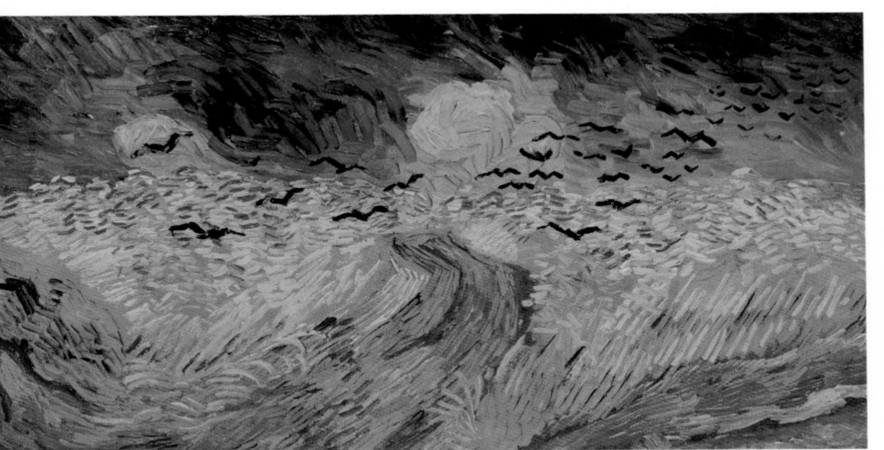

까마귀가 있는 밀밭

오베르쉬르우아즈 1890

캔버스에 유채

암스테르담 반고흐미술관

한 민족이 그들만의 고유한 특성과 성격을 갖춘 국가로 발전하기 위해서는 불리한 환경과의 오랜 투쟁, 여러 민족끼리의 혼합을 차단하는 배타적 본능, 집단을 위한 각 개인의 자발적인 희생이 구비되어야 한다. 이와 반대로 한 국가가 소멸하기 위해서는 과도한 영양 섭취, 과잉보호, 이기적인 개인주의, 외래문화에 대한 무분별한 열광이 진행되어야 한다. ___ 선악의 저편

국가의 발전과 소멸은 어떻게 진행되는가

세상에 대하여

검은 펠트 모자를 쓴 자화상

파리 1886

캔버스에 유채

암스테르담 반고흐미술관

이 세상은 시작도 없고 끝도 없는 거대한 힘이며, 증대하는 일도 감소하는 일도 없고, 전체로서는 그 크기를 바꾸는 일이 없는 청동처럼 확고한 양이면서도 계속해서 변화한다. …… (그러나) 그것은 공허한 게 아니라 힘으로써 편재하고, 힘과 힘의 파랑이 벌이는 유희로써 하나이면서도 다수이고, 여기서 모이면 저기서 감소하고, 광포하게 밀려들고 넘쳐드는 힘의 대양이다. 영원히 방황하면서 영원히 달음질쳐 돌아오는 회귀의 세월을 거듭하여, …… 영원히 회귀하지 않을 수 없는 것으로써, 어떤 포만이나 권태, 피로도 모르는 생성으로서, 자기 자신을 축복하고 있는 것이다. 영원한 자기 창조와 영원한 자기 파괴는 디오니소스적 세계라고 할 수 있다. ___ 권력에의 의지

세계는
시작도 끝도 없이
계속해 변화한다

세상에 대하여

아를 몽마주르가의 철도교

아를 1888

캔버스에 유채

개인 소장

이곳 지구에는 거만하고 천박한 인간이 공존하고 있는데, 이 생물은 자신과 대지와 삶에 대한 불만에서 벗어나지 못한 죄책감에서 벗어나고자 스스로를 학대하고 있다. 이 같은 자학에서 그들은 즐거움을 찾아냈다. 그것이 아마도 인간의 유일한 기쁨인 듯하다.

질투심이 강한 인간의 음흉한 눈초리는 절대적인 아름다움과 영원한 기쁨을 훔쳐보고 있다. 그리고 한쪽에선 불행, 자발적 희생, 자기 포기, 자기 징벌, 자기희생에 일종의 희열을 느끼며, 그것을 찾아 길을 떠난다. 이 이상한 생물은 생존의 전제인 생리적 활력이 감퇴할수록 더욱 거만해지고 더욱 의기양양해진다. ___ 도덕의 계보

인간은 죄책감에서 벗어나고자
스스로를 학대한다

알피유 산맥을 배경으로 한 올리브 나무들

생레미 1889

캔버스에 유채

뉴욕 현대미술관

새로운 신념에 매혹된 적이 없는 자. 아직도 처음 걸려든 그 신념의 그물에 언제까지나 매달리려 하는 인간은 어떤 말 못할 사정이 있든 간에 변할 수 없는 그의 신념으로 말미암아 뒤처진 문화의 대표자가 되곤 한다. 이런 부류의 인간은 낯설고, 어리석으며, 가르치는 것이 불가능하고, 괴팍하며, 영원한 비방자로 남는다. 이들은 자신의 뒤떨어진 관념을 강요하고자 갖가지 수단을 동원하는 무법자가 되기 쉽다. 그들은 다른 의견이 자신의 주변에서 떠돈다는 사실을 도무지 받아들이려 하지 않는다.

___ 인간적인 너무나 인간적인

하나의 신념에 매달린 자는 무법자가 되기 쉽다

세상에 대하여

사이프러스 나무

생레미 1889

캔버스에 유채

뉴욕 메트로폴리탄미술관

세상을 바꿀 수 있는 최대의 사건과 최고의 사상은 이해되기 힘들다. 이런 사건이나 사상과 같은 시기를 살아가는 인간은 정작 이런 것들을 경험하지 못한다. 다만 그 곁을 지나치며 살아가는 것이다. 이것은 별의 세계에서 벌어지는 현상과 비슷하다. 가장 멀리 떨어진 별빛은 가장 뒤늦게 인간의 발치에 닿는다. 그 별빛이 우리의 뇌리에 닿기까지 인식은 진실을 부정한다. 시선 너머에 별이 존재한다는 사실을 부정하는 것이다.
"어떤 정신을 이해하기 위해서는 대체 몇 세기나 필요한 것일까?" 이 물음에 대한 답변을 역시 하나의 척도로 가늠할 수 있다. 인간은 자신에게 영향을 끼칠 때까지 불필요한 법칙과 격식을 강요한다. 정신에 대해 또는 별에 대해. ___ 선악의 저편

어떤 정신을 이해하기 위해
몇 세기가 필요한가

세상에 대하여

올리브 나무 숲: 연한 파란색 하늘

생레미 1889

캔버스에 유채

뉴욕 메트로폴리탄미술관

동서고금을 막론하고 어느 시대나 지식인의 가장 큰 악덕으로 교만이 회자되었다. 하지만 만약 이 교만이라는 원동력이 없었다면 지상은 진리의 효과를 기대할 수 없었을 것이다. 지식인의 교만은 자신의 사상과 개념을 더욱 확고한 것으로 만든다. 교만은 남들의 비판에 상관없이 스스로를 존경하고, 어울리는 명예를 찾아 수여하고, 자신을 이해하지 못하는 어리석은 이웃들을 경멸한다. 지식인은 자신의 교만한 성품을 만날 때마다 마치 절친한 동료를 만난 것처럼 반가워한다. 그의 사상을 인정하는 유일한 친구가 바로 교만이기 때문이다. 그는 교만의 정신적 인격과 독립적인 실체를 인정한다. 내가 평소 나의 교만을 '지적 양심'이라고 부르는 것처럼 말이다. 이 검은 뿌리가 존재하지 않았다면 인류는 도덕을 깨닫지 못했을 것이다. ___ 인간적인 너무나 인간적인

교만이
인류의 도덕을 깨닫게 했다

세상에 대하여

아를의 랑글루아 다리

아를 1888

캔버스에 유채

쾰른 발라프리하르츠미술관

비범한 인간이 통속적인 사회에서 살아가는 경우, 어느 근대의 영국인은 그 위험성에 대해 이렇게 말하고 있다.
"이런 특이한 인물들은 처음에는 고개를 숙이고, 나중에는 우울해지며, 결국 병에 걸려 죽고 만다. 셸리는 도저히 영국에서 살아남을 자신이 없었을 것이다. 마찬가지로 셸리와 같은 인종은 오늘날에도 영국에서 살아남는 것이 불가능하다."
횔덜린이나 클라이스트, 그리고 그 밖의 몇몇 인물들은 타고난 비범함 때문에 파멸했다. 다만 베토벤, 괴테, 쇼펜하우어, 바그너처럼 확고한 신념을 갖고 있는 사람들은 다행히 견뎌 낼 수 있었다. 그러나 그들은 생존하는 데 일반인보다 몇 배의 노력을 기울여야만 했다. 이 고통스런 싸움의 흔적은 그들의 표정과 주름에 자세히 새겨져 있다. ___ 반시대적 고찰

비범한 사람들은 생존을 위해
더 많은 노력을 기울여야 한다

세상에 대하여

담뱃대를 문 자화상

파리 1886

캔버스에 유채

암스테르담 반고흐미술관

창조적인 정신을 괴롭히는 무료함이란 한가로운 뱃놀이를 장식하는 상쾌한 바람에 쓸데없이 심술을 부리려는 영혼의 불안과 비슷하다. 불안한 영혼은 이 지루한 뱃놀이를 견디면서 흐느적거리는 바람이 자신의 불안을 송두리째 뒤흔들 시간만 기다린다. 이것은 평범한 사람들이 감히 상상할 수 없는 고통이다. 어떻게 해서든 이 무료한 세월에서 벗어나고자 애쓰는 것은 저속한 짓이다. 아시아 인이 유럽 인보다 훌륭한 점은 그들이 유럽인보다 좀 더 길고 좀 더 깊은 휴식을 취할 줄 안다는 데 있다. 아시아 인의 마취제는 유럽 인이 즐겨 복용하는 독한 알코올의 급격성과 달리 인내를 시험하며 서서히 약효가 돈다. ___ 즐거운 학문

불안한 영혼은
자신의 불안을 송두리째 뒤흔들
시간을 기다린다

모래언덕에서 그물을 고치는 여자들

헤이그 1882

패널 위 종이에 유채

개인 소장

민주주의는 인간을 이 새로운 제도에 알맞게 사육할 것이다. 그리고 이 제도를 지배하는 몇몇 인간들은 지금까지 유례를 찾아볼 수 없는 명예와 부를 누리게 될 것이다. 이들의 교양이 보편화되어 그들의 욕구에 맞게 우리는 교육받고, 기능하고, 복종하는 날이 도래할 것이다. 나는 반드시 말해야겠다! 민주주의는 전제적 지배자에게 면죄부가 될 뿐이다! 그들은 민주주의 덕분에 더 이상 죄의식을 느끼지 않고 수탈을 감행할 것이다. ___ 선악의 저편

지배자들은 민주주의 덕분에
더 이상 죄의식을 느끼지 않는다

세상에 대하여

정물: 화병의 해바라기 열네 송이

아를 1889

캔버스에 유채

암스테르담 반고흐미술관

공포는 인간의 본성에 새겨진 근본적인 감정이다. 원죄와 도덕도 오직 공포를 통해서만이 설명될 수 있다. 즉 공포에서 지식이 태어난 것이다. 맹수에 대한 공포가 오랜 세월에 걸쳐 인간들을 육성시켰다. 인간은 맹수로부터 살아남는 방법을 연구했고, 가장 확실한 방법으로 길들이면 된다는 것을 알아냈다. 이처럼 공포는 우리의 생활을 끊임없이 지배했고, 마침내 정신적으로 그리고 지적으로 미화되기 시작했다. 인간이 공포의 감정마저 길들여 버린 것이다. 오늘날 사람들은 이 길들인 공포를 과학이라고 불렀다.

___ 차라투스트라는 이렇게 말했다

인간은 공포를 길들여
지식을 탄생시켰다

세상에 대하여

아를의 병원 병동

아를 1889

캔버스에 유채

빈터투어 오스카어라인하르트컬렉션

그대 옆에서 풀을 뜯어먹으며 지나가는 저 가축의 무리를 보라. 그들은 어제가 무엇이고 오늘이 무엇인지 상관하지 않는다. 그저 이리저리 뛰어다니고, 하루 종일 먹어 대고, 한가롭게 누워 소화가 되기만을 기다린다. 그리고 배가 고파질 때까지 다시 뛴다. 그들은 아침부터 저녁까지 순간이라는 말뚝에 묶여 산다. 그래서 그들은 우울도 권태도 느낄 수 없는 것이다. 그대는 이런 짐승 앞에서 그대가 인간임을 자랑한다. 하지만 그대의 눈동자는 짐승의 행복을 부러워하고 있다. 어쩌면 그대는 권태도 없고 고통도 없는 저 말뚝의 삶이 부러운 것인지도 모른다. 그대는 짐승들에게 묻는다. "왜 자네들의 행복에 대해 말해 주지 않는 것인가? 왜 내 얼굴만 바라보고 있는가?" 짐승들은 그대에게 대답한다. "말하고 싶은 것을 항상 잊어버리기 때문이다." 짐승들은 해야 할 말을 잊고 사는 것이다. ___ 반시대적 고찰

그대의 눈동자는
짐승의 행복을 부러워하고 있다

세상에 대하여

폴 고갱의 의자

아를 1888

캔버스에 유채

암스테르담 반고흐미술관

언덕을 관통하는 길 위의 포플러 나무

생레미 1889 | 캔버스에 유채 | 클리블랜드미술관

8

사색에 대하여

허락되지 않은 모든 것을 갈망하는 욕망이 나의 철학이다. 왜냐하면 허락되지 않은 모든 것들은 예외 없이 진리였기 때문이다.

개인은 무언가 전혀 새로운 존재이며 새로운 것을 창조하는 존재이다. 그리고 무언가 절대적인 존재이다. …… 개개인은 전통적 용어도 역시 개인적으로 해석하지 않을 수 없다. 감정과 지식을 개인이 창조하지 않았다고 해도 그것을 해석하는 것은 개인이다. 해석자로서의 개인은 한결같이 창조하고 있는 것이다.

—— 권력에의 의지

개인은 해석자로서
늘 새로운 것을 창조하고 있다

사색에 대하여

왼편을 향하고 있는 직공과 물레

뇌넌 1884

캔버스에 유채

보스턴미술관

파르메니데스는 심연으로 내려가는 길에서 헤라클레이토스를 만났다. 얼마나 불행한 만남인가! 존재와 비존재의 엄격한 분리에 모든 것을 걸고 있는 그에게 헤라클레이토스의 이율배반의 유희는 몹시 혐오스러운 것임에 틀림없다. "우리는 존재하면서도 동시에 존재하지 않는다" "존재와 비존재는 동일하며 동시에 동일하지 않다"는 명제. 파르메니데스가 막 해명하고 해결했던 모든 것을 다시 불투명하게 만들어 버린 헤라클레이토스의 명제가 파르메니데스를 격노하게 만들었다. ___ 그리스비극 시대의 철학

아를의 노파

아를 1888

캔버스에 유채

암스테르담 반고흐미술관

어떤 사람이 물건 하나를 덤불 뒤에 숨겨 놓은 다음 그것을 바로 그 자리에서 찾아낸다면, 사람들은 이를 칭찬하지는 않을 것이다. (그런데 인간이 소위 이성이라는 것을 통해 벌이고 있는 일이 바로 그와 같다.) 내가 포유동물을 정의하고 낙타 한 마리를 보고 난 뒤 "봐라, 포유동물이다"라고 말한다면 이는 매우 제한된 가치만이 있는 전적으로 인간의 관점에서 본 진리일 뿐이다. 그것은 진리 자체와는 상관없으며 세계를 인간과 같은 종류의 사물로 이해하려고 하는, 기껏해야 동화의 감정을 쟁취하는 것일 뿐이다.

___ 비도덕적 의미에서의 진리와 거짓에 관하여

인간의 관점에서 본
매우 제한된 진리

사색에 대하여

해변을 산책하는 사람들

헤이그 1882

수채화

볼티모어미술관

눈앞에 보이는 돌 속에는 하나의 형상이 잠자고 있다. …… 이제 나의 망치는 형상을 감금하고 있는 감옥을 격노하여 내리친다. 부서진 바위 조각들이 비처럼 흩어진다. 그것이 무슨 상관이 있으랴? 나는 완성하고 싶다. …… 모든 것 중에서 가장 고요하고 가장 가벼운 것, 즉 초인의 미가 하나의 그림자처럼 나에게 다가왔던 것이다. ___ 이 사람을 보라

나의 망치는
형상을 감금하고 있는 감옥을 내리친다

사색에 대하여

오베르 부근의 밀밭

오베르쉬르우아즈 1890

캔버스에 유채

빈 벨베데레오스트리아미술관

나와 조금이라도 관계가 있는 사람들에게 나는 고뇌, 고독, 질병, 불운, 굴욕이 미치기를 바란다. 나는 그들이 자기 경멸과 스스로에 대한 불신, 피정복자의 비참함에 분노하기를 바란다. 나는 그들을 결코 동정하지 않는다. 왜냐하면 인간이 어떤 가치를 지닐 수 있는가에 대한 문제를 설명할 수 있는 유일한 해답이 나타나기만 바라고 있기 때문이다. ___ 권력에의 의지

나는 그들을
결코 동정하지 않는다

사색에 대하여

몽마르트르의 카페 테라스(라 갱게트)

파리 1886

캔버스에 유채

파리 오르세미술관

사람에게 있어서 철학이란 스스로 얼음 구덩이와 높은 산을 찾아 헤매는 것을 말한다. 생존에 포함된 모든 의문을 탐구하는 것, 도덕이라는 이름으로 구속된 모든 영역을 살펴보는 것을 의미한다. 그렇다면 내가 이 철학을 통해 깨달은 진실은 무엇인가? 오류란 맹목이 아니라 비겁이었다는 점, 이상을 부정하는 것이 아니라 이상에 도전해야 한다는 점이다. 허락되지 않은 모든 것을 갈망하는 욕망이 나의 철학이다. 왜냐하면 허락되지 않은 모든 것들은 예외 없이 진리였기 때문이다. ___ 이 사람을 보라

오류란
맹목이 아니라
비겁이었다

사색에 대하여

아니에르의 공장들

파리 1887

캔버스에 유채

필라델피아 반스재단

철학자인 그는 자신의 사상에 의해 밖으로 내던져진 뒤, 위에서 또는 아래에서 습격당하듯이 얻어맞는다. 그는 스스로 천둥을 잉태하고 있는 폭풍이다. 그를 둘러싸고 세계는 항상 무엇인가 포효하고, 신음하고, 균열하고, 좋지 않은 낌새를 풍긴다. 그것이 그의 숙명처럼 낙인찍힌다. 철학자 그는 자신으로부터 도주하고 늘 자신에 대해 두려움을 갖는다. 하지만 그의 격렬한 호기심이 그를 재차 '자기'로 회귀하게 만든다. ___ 선악의 저편

격렬한 호기심이
철학자를 '자기'로 회귀하게 만든다

사색에 대하여

아들린 라부의 초상

오베르쉬르우아즈 1890

캔버스에 유채

개인 소장

쇼펜하우어의 철학은 항상 우울한 청년 시절을 떠올린다. 쇼펜하우어의 사고방식은 그와 동년배인 중년 남성의 사고 체계에서 잉태된 것이 아니다. 마찬가지로 플라톤의 철학은 30대 중반을 연상시킨다. 고기압과 저기압이 만난 위험한 지대, 언제 폭풍으로 변질될지 모르는 힘의 대립, 하지만 햇살이 비췄을 때 무지개를 보여 줄 수 있는 유일한 연령대가 플라톤의 철학에는 숨어 있다. ___ 인간적인 너무나 인간적인

철학의 나이는 어떻게 될까?

사색에 대하여

정원에서 산책하는 여자

파리 1887

캔버스에 유채

개인 소장

인간은 고독을 따르는 저 수많은 권태와 불만 그리고 무료함의 대가로 자신의 내면과 자연 속으로 들어갈 수 있는 15분을 손에 넣는다. 인생의 지루함에 어느 정도 대안을 구축한 인간은 자신의 불필요한 자아에 대해서도 이와 비슷한 대안을 찾으려 할 것이다. 영혼의 가장 깊은 곳에서 솟구치는 샘물을, 그 힘찬 생명을 그는 결코 마시지 않을 것이다. ___ 인간적인 너무나 인간적인

고독과 불필요한 자아에 대한
대안을 준비할 것이다

사색에 대하여

카루젤 다리와 루브르

파리 1886

캔버스에 유채

코펜하겐 니칼스버그글립토텍

나의 경우 독서란 잠시 숨을 고르는 것과 같다. 나를 자신으로부터 해방시키는 것 또는 타인의 학문이나 영혼 속에서 잠시 산책하는 것이라고 할 수 있다. 나는 이미 오래전부터 독서를 진지하게 여기지 않고 있다. 오히려 독서를 나의 진지함 속에서 길들이고 있다. 일에 몰두하고 있을 때 내 곁에는 단 한 권의 책도 찾아볼 수 없다. 누군가 나의 곁에서 쓸데없이 나불거리거나 혹은 생각하지 못하게끔 미리 차단해야 할 필요성이 있기 때문이다. 나 자신을 빨아들이는 행위야말로 진정한 독서라고 생각한다. 일종의 자기기만은 정신적 잉태의 첫 번째 본능이며 책략이다. 나는 타인의 사상이 몰래 성벽을 타고 올라와 나만의 성채를 침범하는 것을 너무 오랫동안 방치했다. 이것이 독서의 정체다. 힘든 집필의 시간이 끝나면 휴식이 찾아온다. 자, 오너라. 너희들 광기에 물든 책들이여, 멀리했던 나의 서적들이여. ___ 이 사람을 보라

자신을 빨아들이는 행위야말로
진정한 독서이다

사색에 대하여

정물: 파란 에나멜 커피주전자, 도기와 과일

아를 1888

캔버스에 유채

개인 소장

인간의 행동은 약속할 수 있지만, 인간의 감정은 약속할 수 없다. 인간의 감정은 변덕스럽기 때문이다. 누군가에게 언제까지 사랑하겠다든지, 언제까지 증오하겠다든지, 혹은 언제까지 충실하겠다는 약속을 서슴지 않고 실행에 옮기는 인간은 자신의 힘이 미치지 않는 일을 약속하는 것과 같다. 통상적으로 애정이나 증오에서 비롯되는 감정 혹은 이와 비슷한 동기에서 파생될 수 있는 행동이라면 약속해도 무방하다. 하지만 누군가를 언제까지 사랑하겠다는 약속은 내가 너를 사랑하는 한 나는 너에게 사랑의 행동을 나타낼 것이며, 내가 너를 사랑하지 않게 된 경우 너 역시 같은 동기에서 더 이상 나를 사랑하지 않게 될 것이라는 말과 같다. 이런 의미를 제대로 이해하지 못한 사람들의 머릿속에는 자신들의 애정은 변치 않을 것이며, 언제까지나 동일하게 유지될 것이라는 망상만이 껍데기처럼 늘어지게 된다. 자신에 대한 기만 없이 누군가에게 영속적인 애정을 약속하는 자가 있다면 그것은 껍데기가 영원하다고 말하는 것과 같은 의미이다.

—— 인간적인 너무나 인간적인

인간의 감정은 약속할 수 없다

몽마르트르 부근의 파리 외곽

파리 1887

수채화

암스테르담 시립미술관

노래하는 자의 의식이 느끼는 것은 의지의 주체, 즉 자신의 욕구이다. 이것은 해방된 혹은 충족된 환희로 나타나기도 하지만, 그보다 훨씬 자주 억압된 비애로 나타나곤 한다. 물론 그가 체험하는 인식의 환희와 비애는 항상 정열과 감동을 수반하는 것도 사실이다. 그러나 때로는 자연의 위대한 속성을 통해 노래하는 자는 욕구에 흔들리지 않는 순수한 인식의 주체로 자기 자신을 받아들이는 경우가 종종 있다. 이 흔들리지 않는 인식은 늘 제약과 충돌하며, 결핍에 시달리는 욕구의 충동과는 큰 대조를 이룬다. 이 대조에서 비롯되는 영혼의 갈등이 노래하는 자의 심리적 상태를 청중에게 전달하는 매개체가 되는 것이다. 이 같은 공감이, 즉 누구나 공유하는 순수한 인식이 욕구에서 우리를 잠시 해방시키고자 다가온다.
그렇지만 이 행복은 언제나 잠시뿐이다. 항상 반복적으로 생산되는 개인적인 욕구는 우리를 고요한 인식 속에서 떼어 놓고자 갖가지 수단을 동원한다. 그러다 시간이 흐르고 우리의 영혼이 다시금 피로를 느낄 때 이 순수한 인식이 우리 곁에 살며시 다가온다. 그리고 우리의 욕망으로부터 잠시 벗어날 수 있도록 길을 안내해 준다. ___ 비극의 탄생

순수한 인식은
가끔씩 다가와
우리를 잠시 해방시켜 준다

사색에 대하여

오베르 성이 있는 해 질 녘 풍경

오베르쉬르우아즈 1890

캔버스에 유채

암스테르담 반고흐미술관

모든 종류의 확신에 구애받지 않는 자유로움이 그를 지배하는 의지의 정체이기 때문에, 위대한 인간은 필연적으로 회의에 시달릴 수밖에 없다. 신념을 내던질 수 없다는 것, 긍정과 부정을 떠나 무조건적인 확신을 바라는 마음은 인간의 영혼이 유약하다는 것을 반증한다. 모든 취약함은 또한 의지의 약함이기도 하다. 신념에 사로잡힌 자는 필연적으로 인구가 적은 종족에게 환영을 받는다. '정신의 자유' 즉, 본능으로서의 불신은 위대함의 전제 조건에 지나지 않는다. ___ 권력에의 의지

무조건적 확신을 바라는 마음은
유약한 영혼의 반증이다

이젤 앞에 있는 자화상

파리 1888

캔버스에 유채

암스테르담 반고흐미술관

내가 약속할 수 있는 최후의 것은 오직 이것뿐이다. 나는 인간을 '개혁'할 것이다. 그렇다고 어떤 새로운 우상을 만들겠다는 뜻은 아니다. 저 낡은 우상들에 대해서는 진흙으로 만든 두 다리가 무엇에 걸려 넘어지는지만 알아내면 그만이다. 우상, 이것은 이상을 뜻하는 나만의 단어다. 우상을 전복시키는 것, 이것은 오래전부터 내 목숨을 걸고 수행해 온 나의 임무이다. 거짓 세계가 우리를 지배하는 동안 현실은 너무 오래도록 그 가치와 의의, 진실을 허무하게 빼앗겼다. 우리 시대의 진실과 허위는 현실의 다른 이름이었다. 이상은 허위였고 날조였으며, 인간에 대한 저주였다. 아직까지도 이 같은 저주에서 빠져나오지 못한 인간은 번영과 미래의 정반대적 가치를 숭배하고 있다. ___ 이 사람을 보라

이상을 전복시키는 것이
나의 임무이다

사색에 대하여

아를의 병원 마당

아를 1889

캔버스에 유채

빈터투어 오스카어라인하르트컬렉션

친구들이여, 우리가 젊었을 때 우리는 고통스러웠다. 청춘, 그것은 마치 무거운 질병과도 같은 고뇌였다. 그 고통은 우리가 던져진 시대의 슬픔이었다. 우리들 청춘의 퇴폐와 분열은 시대의 고통이었다. 우리의 시대가 안고 있던 모든 연약함은 최상의 조건에 만족해야 할 청춘을 가로막았다.

우리 시대의 가장 큰 특징은 분열이다. 어느 한 군데에도 확실성이 없다는 점이다. 자신의 발로 이 땅을 디딜 수 있는 자가 없다. 단지 사람들은 다가오지 않은 내일을 위해 살고 있다. 모레는 감히 예측할 수 없기에 오직 내일을 그리워한다.

우리가 걷는 지표는 너무나 매끄럽다. 그래서 더욱 위험하다. 우리가 딛고 선 이 강물은 이제 막 살얼음이 끼었을 뿐이다. 우리는 모두 저 미지근한 바람의 기분 나쁜 숨결을 느끼고 있다. 우리가 걷고 있는 이 길도 머지않아 아무도 기억하지 못하는 길이 될 것이다. ___ 권력에의 의지

사람들은
다가오지 않은 내일을 위해 살고 있다

사색에 대하여

풍차가 있는 몽마르트르 풍경

파리 1886

캔버스에 유채

오테를로 크뢸러뮐러미술관

우리는 타인에게 쾌감을 주거나 혹은 고통을 줄 때만이 타인이 나를 '인식'할 수 있다고 생각한다. 우리가 바라는 것은 오직 그것뿐이다! 우선 우리의 힘에 대해 '인식'할 필요가 있다고 생각되는 사람들에게 우리는 고통을 준다. 왜냐하면 누군가를 '인식'하는 데 쾌감보다 고통이 더 오래 지속되기 때문이다. 고통은 항상 원인을 묻는다. 인간은 자신이 누군가 겪고 있는 고통의 원인이 되기를 희망한다. 반대로 쾌감은 원인을 묻지 않는다. 따라서 인간은 자신이 누군가의 쾌감이 되었다는 사실에 수치를 느낀다. ___ 즐거운 학문

고통은 항상
우리에게 원인을 묻는다

하얀 집이 있는 오베르의 밀밭

오베르쉬르우아즈 1890

캔버스에 유채

워싱턴 필립스컬렉션

자화상

파리 1887 | 마분지에 유채 | 시카고아트인스티튜트

9

예술가에 대하여

나는 가끔 예술가들이 자기가 가장 잘할 수 있는 일이 무엇인지 잘 모르고 있다는 생각을 한다. 그들은 자신의 임무를 찾기에는 너무 큰 허영에 빠져 있다. 그들은 다만 큰 것, 도저히 가늠할 수 없는 것에만 열광한다.

나는 셰익스피어보다 더 마음을 갈기갈기 찢어 주는 작품을 알지 못한다. 그토록 어릿광대가 될 필요가 있었다면 그 사람은 얼마나 많은 고민을 했을까? 사람들은 과연 햄릿을 이해하고 있는 것일까? 사람을 미치게 하는 건 회의보다도 확실성이라는 걸 사람들은 알고 있을까?

셰익스피어의 고뇌

예술가에 대하여

화가의 어머니 초상

아를 1888

캔버스에 유채

패서디나 노턴사이먼미술관

나는 베이컨이 섬뜩한 문학의 창시자이며 자학하는 자라는 것을 확신해마지 않는다. 미국의 정신착란자와 바보들의 측은한 잡담 같은 것이 내게 무슨 소용이 있는가? 그러나 환상이라는 현실, 그것에 도달하려는 힘은 행위와 기괴스러움과 범죄로 이끌어 주는 가장 강력한 힘과 하나가 된다. 그것과 하나가 됨으로써 이런 것들은 존재한다. 우리는 아직도 말의 온갖 위대한 의미에 있어서의 첫 현실주의자인 베이컨이 무슨 일들을 했는지를 잘 모른다. 또한 우리는 그가 무엇을 하려 했는지, 그리고 그가 무엇을 스스로 체험했는가를 알 만큼 충분하지도 못하다. 더욱이 악마에게나 가야 할 비평가들이 그것을 알까?

베이컨의 자학

예술가에 대하여

오베르의 정원

오베르쉬르우아즈 1890

캔버스에 유채

개인 소장

내 책에서 볼테르라는 이름이 나오는 것, 그것은 정말 하나의 진보였다. 볼테르를 보면 안전한 지하 감옥, 즉 최후의 안전을 누리고 있는 모든 소굴을 아는 무자비한 정신을 발견하게 된다. 전혀 횃불처럼 흔들리는 불빛이 아닌 이상한 횃불을 손에 들고 예리한 조명으로 이 이상한 지하 세계를 내리비춘다. 그것은 전쟁과 같다. 그러나 화약도 포연도 없는, 전투 자세나 파토스도 없는 전쟁인 것이다.

이 모든 것, 그것 자체가 '이상주의'라는 것일까? 모든 오류들이 얼음 위에 놓여진다. '이상'은 반박당하지 않는다. 그것은 얼어 죽는 것이다. 여기서는 천재가 얼어 죽는다. 한 걸음 더 나아가서는 성자가 얼어 죽는다. 마지막으로 얼어 죽는 것은 '신앙', 이른바 '확신'이다. 또한 동정도 현저하게 냉각된다. 거의 어디서든 '사물 그 자체'가 얼어 죽는다.

볼테르의 정신

예술가에 대하여

아니에르의 브와예 다르장송 공원의 연인들

파리 1887

캔버스에 유채

암스테르담 반고흐미술관

오직 자신에게만 침잠하며 꿈꾸는 백발의 사람, 아폴로적이며 소박한 예술가의 전형인 그 사람, 호메로스는 이제 깜짝 놀란 것처럼 인생 속을 내닫는 호전적인 뮤즈의 시종 아르킬로코스의 정열적인 정신을 바라본다.

호메로스의 정열

예술가에 대하여

여자 두 명과 사이프러스 나무

생레미 1889

캔버스에 유채

오테를로 크뢸러뮐러미술관

그는 시작 과정을 의심할 여지가 없는 심리학적 관찰에 의해 밝혀내고 있다. 실러의 고백에 의하면 그는 시작 행위에 선행하는 예비적 상태로서, 사상이라고 하는 질서 있는 인간관계를 가진 일련의 심상을 마음속에 가지는 것이 아니라고 한다. 그는 도리어 어떤 음악적 기분을 갖는다고 말한다. 나의 경우에도 감각은 물론 처음에는 명확한 대상을 갖지 않았었다. 대상은 뒤에 가서 비로소 형성되는 것이다. 나의 경우에는 어떤 음악적 정감이 먼저 나타나고 그것에 의해 비로소 시상이 나타난다. 고대 서정시 전반에 걸쳐 가장 중요한 현상은 음악가와 서정시인이 동일 인물이었다는 그 결합 현상이었다. 그래서 나는 근대 서정시는 머리 없는 신상처럼 생각된다.
우리는 이제 우리의 미적인 형이상학을 근거로 서정시인을 설명할 수 있을 것이다. 서정시인은 무엇보다도 디오니소스적인 예술가로 근원적 유일자와 일체가 되어, 즉 유일자의 고통과 모순에도 완전히 일체가 되어 있는 사람이다.

에턴 정원의 기억

아를 1888

캔버스에 유채

상트페테르부르크 예르미타시미술관

문제가 되는 것은 최후의 독일 사람, 바로 쇼펜하우어라는 심리학자이다. 허무주의를 근거로 삶의 가치를 낮추기 위하여 삶에의 의지를 높였던 악의에 찬 천재가 바로 그이다. 쇼펜하우어는 차례차례로 예술을, 영웅주의를, 천재를, 미를, 큰 공감을, 인식을, 진리에의 의지를, 비극을 부정의 출발지로 삼았다. 그는 그리스도를 제외하고 역사상 가장 큰 심리학적 위조자이다. 아, 도처에 먼지와 모래, 마비와 초췌뿐이로구나. 이렇게 절망적이고 고독하여 울적한 상태에 몸을 던진 사람들은 무엇보다도 자기들 스스로의 상징으로 간직할 수 있는 것, 즉 뒤레르가 우리들에게 그림으로써 보여 준 죽음과 악마를 데리고 있는 기사일 것이다. 갑옷과 투구를 쓰고 무서운 길에서도 의혹 없이, 홀로 말과 개를 벗 삼아 청동과 같은 준엄한 눈빛을 하고 공포의 길을 걸어가는 기사인 것이다. 바로 그런 뒤레르적인 기사가 쇼펜하우어이다. 그에겐 아무런 희망도 없었다. 그러나 그는 진리를 바랐던 것이다. 쇼펜하우어, 그는 비할 바 없이 뛰어난 인물이다.

생트마리 해변의 어선들

아를 1888

캔버스에 유채

암스테르담 반고흐미술관

‘도덕가’로서의 칸트에 대하여 반박할 또 하나의 말이 있다. 덕이란 우리들의 발명이요, 따라서 우리들의 가장 개인적인 정당방위이며 필수품이어야 한다. 그 이외의 다른 어떤 의미에 있어서도 덕이란 하나의 위험물에 불과한 것이다. 우리들의 삶에 조건이 될 수 없는 것은 우리들의 삶을 ‘손상’하는 것뿐이다. 그러므로 칸트가 말한 것처럼 단지 덕이라는 개념에 대하여 존경이 우러나오는, 그와 같은 덕은 해로운 것이다. 덕, 의무, ‘선 자체’, ‘무인격성’과 보편타당성의 성격을 띤 선이란 환상이다. 그런 곳에서는 삶의 몰락, 삶의 최후적 쇠퇴, 쾨니히스베르크(러시아 연방 서부에 있는 도시 ‘칼리닌그라드’의 전 이름.)적인 군국주의가 있을 따름이다. 가장 깊은 보존과 성장의 법칙이 명령하는 것은 이와는 전혀 반대 현상이다. 각자는 자기 자신의 덕과 자신의 무상 명령을 자기 스스로 발견해야 된다는 것이다. 어떤 민족이라도 민족 자체의 의무를 의무 개념 일반과 혼돈할 때 그 민족은 필연코 멸망하고 만다. 모든 무인격적인 의무, 추상적인 몰록(Moloch : 페니키아 사람들이 믿었던 화신(火神)으로, 어린아이를 불 속에 던져 제사 지냈다.)에 바친 모든 희생 이상으로 보다 깊이, 한층 더 내면적으로 사람들을 파멸시키는 것은 의무다. 칸트는 삶의 본능을 위험한 것으로부터 감추지 못했다. 다만 그는 신학자적인 본능으로 말했을 뿐이다. 삶의 본능을 억압하는 행위는 그것이 올바른 행위라고 하는 쾌감

꽃 피는 살구나무가 있는 과수원

아를 1888

캔버스에 유채

암스테르담 반고흐미술관

속에 지니고 있다. 그러나 그리스도교적인 신념의 내장을 갖고 있는 그들 허무주의자들은, 쾌감을 오히려 이론으로 해석하여 왔던 것이다. 내면적인 필연성도 없이 깊은 개인적 선택도 없이 쾌감마저도 없이, 일하고 생각하고 또 느끼고 의무의 자동기계처럼 급속히 파멸하는 것이 달리 또 무엇이 있단 말인가? 그것은 바로 데카당스에 이르는 처방이자 백치 상태에 이르는 처방이다. 더욱이 그가 괴테와 동시대인이었을 줄이야?

내가 독일 사람들에 대하여 어떤 생각을 갖고 있는지는 말하지 않겠다. 칸트는 프랑스혁명 때 국가의 비유기적 형태로부터 유기적 형태로의 이행을 보지 않았단 말인가? 그는 인류의 도덕적 소질에 의하지 않고서는 도저히 설명될 수 없는 것이다. 따라서 이 소질로서 '인류의 선에의 경향'이 일거에 증명된 일이 있는지를 칸트는 스스로 묻지 않았던 것이다. 그러기에 "그것이 혁명이다"라고 하는 것이 칸트의 대답이다. 모든 것에 대하여 파악하기 어려운 본능, 본능으로서의 반자연, 철학자로서의 독일적인 데카당스, 이것이 칸트인 것이다. 이성과 이성의 권리는 별로 먼 곳까지는 미치지 않고 있다. 사람들은 실제성에서 하나의 가상을 만들어 냈다. 사람들은 전혀 날조된 세계, 존재자의 세계를 현실 세계라고 우겼다. 칸트의 성공은 다만 신학적인 성공에 지나지 않는다. 칸트는 루터와 라이프니츠와 꼭 같이 가장 박자가 정확하지 못한 독일적 정직성의 한 제동기 역할을 한 데 지나지 않았던 것이다.

눈 내린 들판에서 땅을 파는 두 명의 촌부

생레미 1890

캔버스에 유채

취리히 E.G.뷔를재단 컬렉션

내가 생각하기에 숭고하고, 병적이고, 어린아이 같은 순진함이 혼합되어 있는 감동적인 자극을 느낄 수 있었던 사람은 도스토옙스키와 같은 사람이다.

도스토옙스키의 자극

예술가에 대하여

자화상

생레미 1889

캔버스에 유채

워싱턴 국립미술관

그 악상의 독창적인 면에 있어서는 누구와도 견줄 수 없다. 그는 대담하고, 힘차고, 어떤 민족이 품고 있는 영웅적인 것과 피가 닿아 있었다. 헨델은 작품의 완성 단계에 이르면 가끔 정열과 자유를 잃고 자기 자신에게까지 싫증을 내곤 했다. 그래서 그는 창조자들이 일을 끝낸 후에 느끼는 기쁨을 별로 많이 느끼지는 않았다.

아를 경기장의 관중

아를 1888

캔버스에 유채

상트페테르부르크 예르미타시미술관

그는 한 사람의 착하디 착한 인간으로서 천재성을 소유하고 있었다. 그는 도덕성으로서 지성에 침투할 수 있는 한계까지 침투해 들어가는 음악을 만들어 냈다. 그는 '과거'가 배제된 음악을 작곡했다.

아를 부근의 길

아를 1888

캔버스에 유채

그라이프스발트 포메라니아주립박물관

베토벤의 곡은 음악 속의 순수를 나타내는 곡이다. 우리가 갑작스레 베토벤을 듣고 깊이 감동하는 까닭은 작곡가의 내성 때문이다. 그것이 바로 음악의 음악이다. 길을 걷는 거지 아이의 노래 속에, 여행하며 노래하는 이탈리아 인들의 노래 속에, 마을의 술집에서 울려 나오는 단조로운 가락 속에, 사육제의 무도가 속에 그의 멜로디는 들어 있다. 그는 여기저기에서 재빨리 한 음 한 구절을 끄집어내어 꿀벌처럼 선율을 모은다. 그것들은 나에게 '보다 좋은 세상'에서 얻을 수 있는 수많은 신들에게서나 느낄 만한 추억의 조각처럼 보이기도 한다. 그는 음을 플라톤이 이데아를 생각한 것처럼 생각한다.

성경이 있는 정물

뇌넌 1885

캔버스에 유채

암스테르담 반고흐미술관

모차르트는 음악에 대한 태도가 베토벤과는 전혀 다르다. 그가 영감을 얻는 것은 음악을 들을 때가 아니라 삶을, 더욱 가장 약동적인 삶을 만날 때이다. 그는 이탈리아에 있지 않을 때에도 언제나 이탈리아를 꿈꾸고 있다.

모차르트의 약동

예술가에 대하여

풍차

에턴 1882

수채화

개인 소장

다음 음악가에 비교하면 슈베르트는 기교가 부족하다. 하지만 그는 모든 음악가 중에서도 가장 많은 유산을 남겼다. 후대의 음악가들이 200년이나 300년 동안 그의 착상을 파먹고 살아도 될 만큼 슈베르트의 작품은 우리들에게 하나의 창고가 되었다. 그러나 다른 음악가들은 그들의 가진 것을 모두 써 버림으로써 위대함을 얻었다. 만일 베토벤이 청중이라면 슈베르트는 연주자였다.

씨 뿌리는 사람

아를 1888

캔버스에 유채

암스테르담 반고흐미술관

그의 음악은 이전에 존재한 모든 좋은 것에 대한 좋은 취미의 음악이다. 그것은 항상 자신의 배후를 가리키고 있기 때문에 미래를 지닌다는 것은 불가능한 듯 보인다. 그는 미래를 갖기 원했을까? 슈베르트는 예술가 중에서도 덕을, 다시 말해 어떤 저의도 없는 덕을 지니고 있었다. 그러나 이 덕도 자신의 배후를 가리키고 있는 덕이었다.

숲속의 소녀

헤이그 1882

패널에 유채

개인 소장

독일이나 프랑스의 낭만주의 시인들이 꿈꾼 듯한 청년, 이 청년 슈만이 그의 노래와 음악 속에 꿈을 담았다. 자신의 풍만한 힘을 스스로 느끼고 있는, 영원한 청년이었던 슈만에 의해서 말이다.

슈만의 낭만주의

예술가에 대하여

카페 뒤 탕부랭에 앉아 있는 아고스티나 세가토리의 초상화

파리 1887

캔버스에 유채

암스테르담 반고흐미술관

돌이켜 생각해 봐도 나는 바그너의 음악 없이는 내 청년 시절을 견디어 내지 못했을 것 같다. 그도 그럴 것이 나는 독일인이 되도록 이미 태어나기 전부터 선고받았기 때문이다. 만일 사람이 견딜 수 없는 아픔에서 벗어나려고 한다면 삼나무에서 뽑은 마취제가 필요한 것처럼 말이다. 그렇다, 나는 바그너가 필요했다. 바그너는 모든 독일적인 것에 대한 뛰어난 해독제인 것이다. 해독도 독이다. 나는 독이라는 사실에 이의를 제기하지 않겠다. 트리스탄의 발췌곡이 존재하게 된 순간부터…… 내 치하를 받으시라, 폰뷜로브 씨! 나는 바그너 숭배자가 되었던 것이다. 바그너의 옛날 작품들을 나는 내려다보았다. 아직 너무도 통속적이고, 너무도 독일적이었던 음악들. …… 그러나 나는 왜 지금도 트리스탄처럼 위험한 매혹을 지닌, 몸서리나고도 감미로운 무한성을 지닌 작품들을 찾고 있는가? 나는 모든 예술 안에서 그런 감동을 찾고 있다. 레오나르도 다 빈치의 모든 기이성도 트리스탄의 첫 음절을 듣는 순간 파괴된다. 이 작품이야말로 바그너의 철두철미한 장점이다. 그는 〈트리스탄〉으로부터 〈마이스터징거〉와 〈니벨룽겐의 반지〉에서 휴양을 했다.

우리가 금세기의 인간들이 서로에 대해서 번뇌할 수 있었던 것보다 한결 더 깊이 번민했다는 그 사실이 우리들의 이름을 영원히 다시 함께 맺어 준 것이다. 그리고 바그너가 독일인들 사이에서 하나의

아를 풍경이 보이는 꽃이 핀 과수원

아를 1889

캔버스에 유채

뮌헨 노이에피나코테크

오해에 불과하다는 것처럼 나 또한 그러한 것이 확실하며 나는 언제나 그러한 채로 있을 것이다.
그는 혁명가였다. 그는 독일인들에게서 도망쳐 달아났다.
예술가에게 있어 유럽에선 파리 이외의 고향은 없다. 바그너 예술의 전제인 모든 예술, 오관의 섬세성, 뉘앙스를 알아차리는 손가락, 심리학적인 전염성, 이런 것들은 파리 이외에는 존재하지 않는다. 그 밖의 어느 곳에도 형식 문제에 있어서의 정열, 연출에 있어서의 진지성은 없다. 그것은 뛰어난 파리의 진지성 때문이다. 독일에서는 파리 예술가의 영혼 속에 살고 있다. 또한 독일 사람들은 굉장한 야망에 대하여 전혀 아무런 뜻도 부여하지 않고 있었다. 독일인은 마음씨가 좋다. 그러나 바그너는 전혀 마음씨 좋은 사람은 아니었다.

초록 앵무새

파리 1886

패널 위 캔버스에 유채

개인 소장

어떤 생활이라도 가장 행복한 순간은 있기 마련이다. 예를 들면 물가에서의 생활이라든가 심지어는 가장 가난하고 욕심 많은 사람들 사이에서 일어나는 시끄럽고, 더럽고, 지겨운 생활 같은 것에서도 말이다. 예술가들은 이것을 찾는 법을 알고 있다. 쇼팽은 이런 순간을 그의 뱃노래에서 맛보았다. 신들도 노래를 듣는다면 작은 배에 몸을 눕히고 싶어질 것이다.

쇼팽의 행복

예술가에 대하여

파리의 7월 14일 기념행사

파리 1886

캔버스에 유채

빈터투어 빌라플로라

나는 가끔 예술가들이 자기가 가장 잘할 수 있는 일이 무엇인지 잘 모르고 있다는 생각을 한다. 그들은 자신의 임무를 찾기에는 너무 큰 허영에 빠져 있다. 그들의 감각은 새롭고 진기하며, 아름답고 완전하게 이 땅 위에서 자라나는 저 조그마한 식물들에 아무런 관심도 없다. 다만 큰 것, 도저히 가늠할 수 없는 것에만 열광한다. 그들의 조그만 정원과 과수원에 피어난 가치들은 피상적인 주인 때문에 전혀 인정받지 못하고 있다. 그들의 사랑과 통찰력은 이 작은 생명의 가치를 뒤쫓을 만한 힘이 없다. ___ 니체 대 바그너

예술가들은 허상을 보고 열광한다

예술가에 대하여

디캔터와 접시 위에 레몬이 있는 정물

파리 1887

캔버스에 유채

암스테르담 반고흐미술관

몽마르트르 언덕의 전망대

파리 1886 | 캔버스에 유채 | 시카고아트인스티튜트

10

니체를 만난다

나의 발걸음은 훨씬 단단해졌고 또한 확실해졌다. 용기가 나를 성장시켰다. 앞으로 나는 더욱 고독해질 것이며 이전보다 험난해진 길을 걷게 될 것이다.

기다리지 못하고 나는 너무 일찍 왔다. 나의 때는 아직 오지 않았다. 이 엄청난 사건은 아직도 계속되고 있으며 방황 중에 있다. 그것은 아직 인간의 귀에까지 도달하지 못했다. 번개와 뇌성도 시간이 필요하다. 별빛도 시간이 있어야 한다. 행위들, 그것이 비록 완성된 것일지라도 볼 수 있고 들을 수 있을 때까지는 시간이 있어야 한다. ___ 즐거운 학문

회색 펠트 모자를 쓴 자화상

파리 1887

마분지에 유채

암스테르담 국립미술관

철학자를 존경하는 마케도니아의 어느 왕에 대한 이야기다. 그는 세상을 등진 아테네의 한 철학자에게 1달란트를 보냈다. 그러나 철학자는 이 돈을 받지 않고 돌려보냈다. 그러자 왕은 "그는 나 같은 친구가 필요 없다는 것인가?"라고 말했다. 이 말을 해석해 보면 다음과 같다.

"나는 이 독립적인 철학자의 높은 긍지를 사랑한다. 또한 내가 그의 긍지 중 하나이길 바란다. 하지만 나는 누구의 도움도 받지 않겠다는 그의 철학을 무너뜨리고 싶다. 그가 자신의 철학보다 친구인 나의 명예를 더 존중하고 있다는 점을 세상에 자랑하고 싶다. '그 위대한 철학자의 친구가 누구이기에 그를 마음대로 도와줄 수 있는가? 그가 대체 누구인가?'라는 질문에 '바로 나다'라고 대답하고 싶다." ___ 즐거운 학문

철학자의 긍지를
그렇게 살 수는 없다

아이리스

생레미 1889

캔버스에 유채

로스앤젤레스 J.폴게티미술관

작은 곳에서부터 자제심이 결여되기 시작하면 곧 가장 중요한 순간에 자제심이 무너지고 만다. 적어도 한 번쯤 일상에서 사소한 인내마저 허락하지 않는다면 그날은 결국 실패로 기록될 것이며, 다음날까지 어제의 실패를 안고 살아가야 한다.
만일 자신의 지배자가 오직 자신뿐이라는 이 기쁨을 지속시키고 싶다면 서서히 거리를 좁히는 고뇌의 몸부림이 피할 수 없는 숙명임을 인정해야 한다. ___ 인간적인 너무나 인간적인

고뇌의 몸부림은
피할 수 없는 숙명이다

니체를 만난다

전망대 입구

파리 1887

수채화

암스테르담 반고흐미술관

철학자는 모럴리스트(도덕의 중요성을 강조하고 그것을 실천하는 사람을 일컫는 말. 프랑스에서 16~18세기에 걸쳐 인간성과 인간이 살아가는 법에 대한 탐구를 수필이나 단장斷章 등의 형식으로 표현한 문필가를 일컫는 데서 나왔다. 몽테뉴, 파스칼, 라로슈푸코, 라브뤼예르, 보브나르그 등이 모럴리스트에 속한다.)를 좋아하지 않는다. 철학자는 미사여구도 좋아하지 않는다. 그렇다면 철학자는 자신에게 무엇을 원하는가? 그는 자신이 시대를 극복한 '초월자'로 남기를 바란다.
그렇다면 그는 무엇 때문에 그토록 격렬히 투쟁하는가? 바로 철학자를 시대의 부산물로 만드는 모든 특징에 대항하는 것이다. 나는 바그너만큼이나 이 시대의 부산물이 되고 싶다. 나를 가리켜 스스로 '퇴폐주의자'라고 규정짓고 싶다. ___ 바그너의 경우

철학자는 자신에게
무엇을 원하는가

니체를 만난다

구근 밭

헤이그 1883

패널 위 캔버스에 유채

워싱턴 국립미술관

섬세한 감각과 섬세한 취미를 가질 것. 강력하고 대담하며, 자유분방한 마음을 유지할 것. 침착한 눈동자와 확고한 발걸음으로 인생을 짓밟을 것. 터무니없는 일을 당해도 마치 축제에 참가한 것처럼 즐길 것. 미지의 세계와 해양, 인간과 신들을 기대하며 인생을 지켜볼 것. 마치 그 미지의 세계를 지키는 병사와 선원들이 잠시 동안의 휴식과 즐거움으로 피로를 잊는 듯, 혹은 이 찰나의 쾌락 속에 인간의 눈물과 진홍색 우수를 잊는 듯이 밝은 음악에 귀를 기울일 것.
이 모든 것의 소유주가 바로 자신이기를 바라지 않는 자가 있을까. 호메로스야말로 이 같은 행복에 도취된 사나이였다. 그리스 인을 위해 그들의 신들을, 아니 자기 자신을 위해 그는 신을 만들었다. 하지만 결코 이 사실을 숨겨서는 안 된다. 호메로스가 누린 행복은 인간이 태양 아래 가장 괴로운 생물이라는 것, 그리고 다만 이 값어치를 지불하기 위해 생존의 물결이 밀어닥친 해변에서 조개를 줍고 있다는 사실을 깨달은 기쁨이었다. ___ 즐거운 학문

터무니없는 일을 당해도
축제처럼 즐길 것

니체를 만난다

몽마르트르의 경사진 길

파리 1886

다중 보드 위 마분지에 유채

암스테르담 반고흐미술관

나는 민중의 죽음에 대해 말하고자 한다. 나의 형제들이여! 이곳엔 민중이 없다. 다만 국가가 있을 뿐이다. 국가란 식어 버린 시체이며 가장 냉혹한 괴물이다. 그들은 아침마다 거짓말을 늘어놓는다. 그들은 우리를 기만하고, 지배하며, 잔인하게 물어뜯는다. 그들은 우리를 볼 때마다 이렇게 외친다. "국가는 민중이다!"
이 말에 속지 말라. 그것은 거짓말이다. 민중을 창조하고 그들에게 믿음과 사랑을 베푼 것은 창조자였다. 우리의 삶에 희생된 자는 오직 우리들 자신뿐이었다. 우리는 함정에 빠진 것이다. 국가라고 불리는 저 파괴자들이 파 놓은 함정에 발을 들이민 것이다. 그들은 함정에 빠진 우리에게 한 자루 칼과 백 가지 욕망을 쥐어 주었다. 우리는 이 칼과 욕망에 지나칠 정도로 익숙해졌다.
너무 많은 인간들이 태어났다. 우리가 키우고 양육할 수 없을 정도로 너무 많이 태어났다. 그래서 우리는 국가에게 도움을 요청하게 된 것이다. 국가는 우리의 요구를 들어주는 대신 우리에게 생산을 요구한다. 우리가 감당할 수 없을 정도로 많은 생산을 요구한다. 자신의 지위가 유지되도록 우리를 물어뜯고, 씹고, 삼키고, 다시 물어뜯는 것이다.

한 자루 칼과
백 가지 욕망

니체를 만난다

꽃이 핀 밤나무

파리 1887

캔버스에 유채

암스테르담 반고흐미술관

보라! 저 괴물은 우리를 향해 울부짖고 있다. "이 세상에 나보다 더 위대한 존재는 없다. 나는 신이 다스리는 손가락이다." 그대들은 국가와의 싸움으로 지쳤다. 국가는 그대들이 만든 또 하나의 그대였기 때문이다. 이 피로가 그대들에게 새로운 우상을 섬기라고 부추긴다.

민중이 자기 자신을 상실하는 곳, 민중이 스스로 목숨을 끊는 곳, 민중이 삶이라고 부르는 그곳을 나는 국가라고 부른다.

___ 차라투스트라는 이렇게 말했다

트랭크타유 다리

아를 1888

캔버스에 유채

개인 소장

그대의 얼굴을 자세히 바라보라. 우리가 살고 있는 이곳이 어딘지 아는가? 그렇다. 이곳은 북극이다. 차디찬 유배지다. 우리가 이 세상과 얼마나 동떨어진 곳에 살고 있는지 그대는 아는가? 육지에서도 바다에서도 우리는 세상으로 향하는 길을 찾을 수 없다. 어쩔 수 없이 북쪽에서, 얼음과 죽음의 저편에서 우리의 삶, 우리의 행복을 찾아야 한다. 하지만 우리도 곧 행복해질 것이다. 마침내 우리는 길을 알아냈다. 우리는 지난 수천 년 동안 이 미로에서 출구를 찾아 헤맸다. 그리고 얼마 전 우리는 그 출구를 발견한 것이다. 설마, 저 무능력한 현대인들이 우리의 행운을 가로채지는 않겠지? "나는 출구도 모르고 입구도 모른다. 그냥 서성일 뿐이다." 이것은 현대인의 탄식이다. 이런 현대적인 감성이 우리를 병들게 한다. 듣기 좋은 평화, 비굴한 타협, 긍정도 아니고 부정도 아닌 대담에, 이 모든 불결함에 우리는 전염되었다. 이따위 전염병에 시달리느니 차라리 이 얼음 동굴을 떠나지 않으리라! 나는 우리의 용기를 믿는다. 지금까지 기다렸듯이 다음 세대를 기다리면 된다. 다만 우리는 너무 오래 기다렸다. 기다리는 동안 우리의 얼굴은 점점 더 우울해졌다. 그래서 사람들은 우리를 숙명론자라고 불렀다. ___ 반그리스도

인간을 병들게 하는 비굴한 감성

니체를 만난다

가장자리에 사이프러스 나무가 있는 꽃 피는 과수원

아를 1888

캔버스에 유채

뉴헤이븐 예일대학교미술관

나는 지금 앞으로 나아가고 있다. 그리고 굉장히 높이 올라왔다. 이에 대한 몇 가지 확실한 증거도 있다. 주위가 전보다 넓어졌고 전망도 훨씬 좋아졌다. 바람이 조금 차가워졌지만, 내 가슴은 따뜻해졌다.

이제 나는 온화함과 따스함을 혼동하는 어리석음에서 벗어날 수 있다. 나의 발걸음은 훨씬 단단해졌고 또한 확실해졌다. 용기가 나를 성장시켰다. 앞으로 나는 더욱 고독해질 것이며 이전보다 험난해진 길을 걷게 될 것이다. ___ 인간적인 너무나 인간적인

나의 발걸음은 훨씬 단단해졌다

귀에 붕대를 감은 자화상

아를 1889

캔버스에 유채

런던 코톨드미술관

위대한 것은 위대한 인간을 위해, 심오한 것은 심오한 인간을 위해, 미묘하고 섬세한 것은 세련된 인간을 위해 존재한다. 다시 말해서 모든 귀한 것은 귀한 인간을 위해 존재하기 마련이라는 사실을 잊지 말아야 한다.

모든 심오한 사상가는 오해되기보다 이해되는 것을 더 두려워한다. 오해는 그의 허영심을 건드리지만 이해는 그의 동정심을 건드린다. 그의 동정심은 항시 다음과 같이 말하곤 한다. '아아, 그대들은 어째서 나처럼 어렵게 살기를 바라는가?'

인간은 예술을 통해 완전한 존재로서의 자기 자신에 대해 기쁨을 느낀다. 그러나 기독교인이나 파스칼의 경우처럼 정반대의 예술가들은 불가불 사물로부터 사물을 피폐하게 하고 쇠약하게 하며 사물을 메마르게 한다.

우리들이 젊었을 때 우리는 괴로웠다. 청춘 그 자체를 흡사 무거운 병인 양 괴로워했던 것이다. 그것은 우리들의 시대 때문이다. 커다란 내면의 퇴폐와 분열의 시대인 까닭이다. 그것은 그 모든 약함과 최상의 강함을 가지고 젊은이의 정신을 저지했던 것이다.

우울하고 자신에게 싫증이 났을 때 원기를 회복하려면 어떻게 하면 좋을까? 어떤 이는 도박장에 가고 어떤 이는 신앙을 찾는다. 또 다른 이는 전기요법을 할지도 모른다. 그러나 가장 좋은 것은 역시 많이 자는 것이다. 그러면 또다시 새로운 아침이 찾아올 것이다.

우리가 삶을 사랑함은 우리가 사는 일에 익숙해졌기 때문이 아니라, 사랑하는 일에 익숙해졌기 때문이다. 사랑 속에는 언제나 얼마간의 광기가 들어 있다. 그러나 그 광기 속에는 언제나 얼마간의 이성이 함께 들어 있다는 것이다.

모든 행위에는 망각이 필요하다. 이는 모든 유기체의 생명에 빛뿐 아니라 어둠도 필요한 것과 마찬가지다. 철저하게 역사적으로만 감각하려고 하는 이는 잠을 못 자도록 강제당하는 사람이거나 새김질의 끊임없는 반복에 의해서만 삶을 이어가야 하는 동물과 다름없다.

가령 어느 철학자가 삶의 가치에 속하는 어떤 문제를 논하려고 든다면, 그는 철학자라고 하기가 곤란해지고 그것은 그의 지혜에 대한 의문부호가 되고 무지가 되어버리고 만다. 그렇다면 지혜란 시체 냄새를 맡은 까마귀처럼 지상에 나타나는 것이 아닐까?

진실로 내 행복과 내 자유가 폭풍처럼 밀려왔다. 그러나 내 적들은 사악함이 자기들 머리 위에서 미쳐 날뛴다고 생각할 것이다. 내 친구들이여. 너희도 역시 내 사나운 지혜에 무서워 놀라게 되리라. 그리고 아마도 너희는 내 적들과 함께 도망가 버리리라.

허영심은 사람이 자신의 나쁜 성질이나 죄를 숨기거나 모두 공공연하게 고백하든 어느 경우든 이를 통해 이득을 보려고 한다. 어떤 사람에게 이러한 성질을 숨기고 또 누구에게 정직하고 솔직하게 말할 것인가를 그가 얼마나 교묘하게 분간하는지 주의해서 살펴보라.

높은 산 위에서 교활하게 그리고 비웃으며, 인내심 없는 자도 아니고 인내심 있는 자도 아닌, 인내라는 것까지도 잊어버린 자로서 나는 몰락하기 위하여 여기서 기다리고 있다. 왜냐하면 인내심을 더 이상 참지 못하기 때문이다.

서로 사귀면서 아첨으로 우리들의 주의력을 흐리게 만들려고 하는 자들은 위험한 약, 예컨대 최면제를 사용하고 있는 자들과 같다. 그리하여 이 약은 우리들을 잠들게 하지 못하면 더욱 잠 못 이루게 만들고 만다.

불평에는 저마다 복수심이 들어 있다. 인간은 자기가 비천하다는 느낌 때문에, 그리고 때로는 자신의 비천한 처지 때문에도 자기와는 다른 사람들을 비난한다. 흡사 그들이 불의를 범하고 용인될 수 없는 특권을 소유하고 있는 것처럼 말이다.

가면으로서의 평범함이라고 하는 것은 대중에게, 즉 범인들에게 꾸밈이라는 것을 꿈에도 생각지 못하게 하므로 뛰어난 정신이 붙일 수 있는 가장 알맞은 가면이다. 그러면서도 가면을 쓰는 이유는 상대를 자극하지 않기 위해, 때로는 동정과 친절 때문에 쓰는 것이다.

동정은 쾌락을 포함하고 소량이나마 우월을 맛보게 하는 감각으로서 자살의 해독제가 된다. 그것은 우리로부터 빠져나와 마음을 가득 채우고 공포와 무감각을 쫓아버리며 말, 탄식, 행위 등을 활기 있게 만든다.

반박이 가능하다 해서 어떤 한 이론이 매력을 잃는 법은 없다. 오히려 그러한 반박 가능성 때문에 똑똑한 사람들은 그 이론에 끌려들어가기도 한다. 자유 의지의 이론이 수 백 번이나 반박 되었으면서도 여전히 효력을 유지하는 것은 이러한 매력 덕분이 아닌가 싶다.

슬픔을 지닌 인간은 행복한 기분일 때 자신의 정체를 폭로한다. 그들은 질투 때문에 행복을 교살하고 질식시키고 싶어 하는 사람처럼 행복을 부둥켜안는 버릇이 있다. 그러나 그들은 너무나 잘 알고 있다. 오래지않아 그것이 도망치리라는 것을 예측할 수 있다.

모든 자살적 허무주의에 대해서 대문이 닫혀졌다. 그러나 이 해석은 의심할 여지없이 새로운 괴로움을 가져왔다. 그것은 보다 깊고 보다 내면적이고 보다 유독하고 보다 삶을 좀먹는 괴로움이었다. 이 금욕주의적 이상은 죄라는 관점에서 모든 괴로움으로 해석했다.

선과 악, 우와 열이라는 두 쌍의 대립되는 가치는 수천 년에 걸쳐 이 지상에서 오랫동안 싸움을 계속해 왔다. 선과 악이 이처럼 오랫동안 우리들을 지배했다 할지라도, 그 싸움이 승패를 결정짓지 못하고 있는 것은 우와 열이 아직도 대립하고 있기 때문이다.

괴테가 초안을 잡아준 인간은 굳세고 교양과 모든 신체적인 사물에 능통하며 자기 자신을 제어할 수 있는, 자신에게 경외를 느끼는 인간이다. 자연성의 모든 범위와 넉넉함을 스스로에게 베풀 수 있는 인간, 그와 같은 자유를 감히 누릴 만큼의 강인함을 가진 인간이다.

범죄자라는 사실이 발각되었을 때, 그가 괴로워하는 것은 범죄 그 자체가 아니라 치욕적이고 바보 같은 짓을 한 것에 대한 혐오이다. 형무소나 강제 노동에 자주 드나드는 사람이면 누구나 거기에서 명확한 양심의 가책과 마주치는 일이 얼마나 드문가에 놀란다.

예전엔 신에 대한 모독이 가장 큰 모독이었다. 그러나 신은 죽었고 그와 더불어 신의 모독하는 자들도 죽었다. 지금은 대지에 대한 모독이 가장 가공스럽다. 그리고 예전엔 영혼은 육체를 경멸적으로 보았고 그 당시엔 그러한 경멸이 최고인 것처럼 여겨졌다.

연애하는 사나이의 병을 고치는 데는 약간 도수가 높은 안경을 주기만 하면 될 때가 있는데 이는 근시안이 연애를 하게 하기 때문이다. 그러므로 앞으로 이십년이 지난 뒤의 얼굴과 옷맵시를 그려 볼 수 있는 상상력을 지닌 사람은 아마도 평온한 인생을 보낼 것이다.

행복의 최초 효과는 힘의 감정이다. 이 힘은 우리 자신에 대해서나 또는 표상이나 상상한 것에 대해 똑같이 자기를 나타내려고 한다. 자기를 나타내는 가장 흔한 방식은 선물하고 조롱하고 파괴하는 것으로, 이들 모두는 하나의 근본적인 충동에 바탕을 두고 있다.

논리적인 가치판단은 우리의 용감한 의심이 내려갈 수 있는 가장 밑바닥이자 가장 근본적인 것은 아니다. 이 판단의 타당성이 그것에 따라 증감하는 이성에의 신뢰는 다만 도덕적인 현상에 불과하다. 그 이유는 다름 아닌 바로 도덕 때문이다.

모든 시대의 인간은 무엇이 선이고 악인지 그리고 무엇이 칭찬할 만하고 비난할 만한지 알고 있다고 믿었다는 것은 학자의 올바른 판단이다. 그러나 지나온 어느 시대보다도 지금의 우리 시대가 그것을 더 잘 알고 있다는 것은 학자의 편견에 불과하다.

만일 우리가 거울 그것 자체의 관찰을 꾀하면 우리는 결국 거울에 비친 사물 이외의 아무 것도 발견하지 못한다. 만약 우리가 물을 파악하려고 하면 우리는 결국 거울 이외의 어떤 것에도 도달하지 않는다. 이것이 인식의 가장 일반적인 역사이다.

금욕주의적 이상은 무엇을 의미하는가? 예술가에 있어서는 아무런 의미도 있을 수 없지만 상당히 많은 것을 의미하기도 한다. 철학자와 학자들의 경우에는 보다 높은 영적 상태를 위한 가장 좋은 전제조건들을 감취할 수 있는 감각이나 본능 같은 것을 의미한다.

심리학적 입장에서 보면 죄란 사제들로 조직된 사회에서는 어디서든 필수불가결한 것이다. 죄는 권력의 실질적인 지렛대이며, 사제는 죄를 의지해 살고 죄를 범하는 일을 필요로 한다. 하나님은 회개하는 자를 용서한다. 그것은 사제에게 복종하는 자를 용서하는 것이다.

진리는 힘을 필요로 한다. 비록 언변에 능숙한 계몽주의자가 아무리 그 반대를 말하는데 익숙해져 있다 하더라도 진리 그 자체로는 결코 힘이 될 수 없다. 진리는 오히려 힘을 자기편으로 끌어들이거나 힘의 편이 되지 않으면 안 된다. 그렇지 않으면 진리는 몇 번이고 되풀이하여 파멸할 것이다.

학문에 있어서 놀라운 일은 요술쟁이 솜씨의 경탄할 만한 것에 대비된다. 왜냐하면 요술쟁이는 매우 복잡한 인과관계가 작용하는 곳에서 아주 단순한 인과관계를 보도록 우리의 흥미를 자아내려 하기 때문이다. 이와 반대로 학문은 모든 것이 쉽게 이해할 수 있는 것처럼 보이지만 우리로 하여금 단순한 인간관계에의 신뢰를 단념할 수밖에 없게 한다.

_그림 찾아보기